QUILT BLOCKS 2
GEOMETRIC PATTERNS II

KYOTO SHOIN

VOLUME 2 OF 3

QUILT BLOCKS 2

1500 Illustrations in Color

GEOMETRIC PATTERNS II

キルト

上下二枚の布の間に綿などの詰め物をした三層構造を刺し縫いした物の中で、ことに18世紀末から現代にかけてアメリカで発達した「アメリカン・パッチワーク・キルト」、および、これに手法とデザイン両面で歴史的につながる物を、本書では「キルト」と呼ぶことにします。

「パッチワーク（当て物をするの意）」と言う言葉が、布片を縫い合わせながらデザインやパターンを作ることの他に、上述した「キルト」の意味で使われることもあります。

手法を分類して説明してみましょう。

パッチワークには、大別して2つの手法があります。一つは、ぐし縫いして布を縫い合わせる「ピーシング」。もう一つは18〜19世紀にかけてイギリスで流行した手法で、巻かがりの手法で布を縫いつなぐ「イングリッシュ・ピーシング」です。また、この二つに、台布の上にデザイン布を置く「アップリケ」の手法を加えることもあります。

三層に重ねる一番上の布を「キルト・トップ」といいます。これは、同じ布を縫い合わせて大きな一枚布に作ったり、色柄布を縫い合わせて作ります。キルト・トップ、キルト綿、裏布を重ね、この三層を刺し縫いすることを「キルティング」するまたは、「キルト」すると言います。日本の「刺子」も、手法的には「キルト」という分類がなされています。

本書は、文頭に述べた意味での「キルト」のキルト・トップ部分に見られる、布で描かれたさまざまなデザインを集めて構成しています。

Ardis James / Robert James
アーディス・ジェームス／ロバート・ジェームス

The Ardis and Robert James Quilt Collection offers a unique glimpse in to the fine art of quiltmaking. The more the 900 quilts, range from the earliest examples of this art form to contemporary quilt art. The collection furnishes important insight into the history and the beauty of the quilt making tradition.

Americans have long been exposed to the fine textile work from Japan, now we are pleased to share our collection with you. Through artistic exchanges such as this we can help to achieve greater cross-cultural groeth. The quality of this book reflects the care and attention which Yasuko Yoshitake has devoted to this cultural interchange.

私たちのキルト・コレクションは、キルト界にユニークな一視点を投げかけるものと思っている。

初期のものから現代作家の作品まで構成される所蔵キルトは900点を超える。このコレクションは、キルト作りの伝統の歴史と美への重要な洞察を備えている。我われアメリカ人は、日本からの美しい布を長年にわたり陳列してきた。

いま日本でキルトの楽しみを分かちあって頂けることを喜ばしく思っている。

本書は、この分野の文化交流に注目をした編者の労の成果である。

563

564

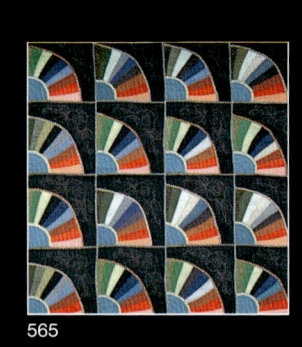

565

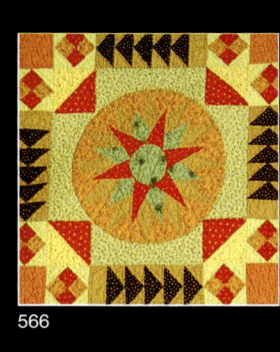

566

567

568

569

570

571

572

573

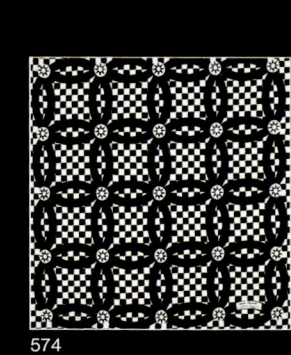

574

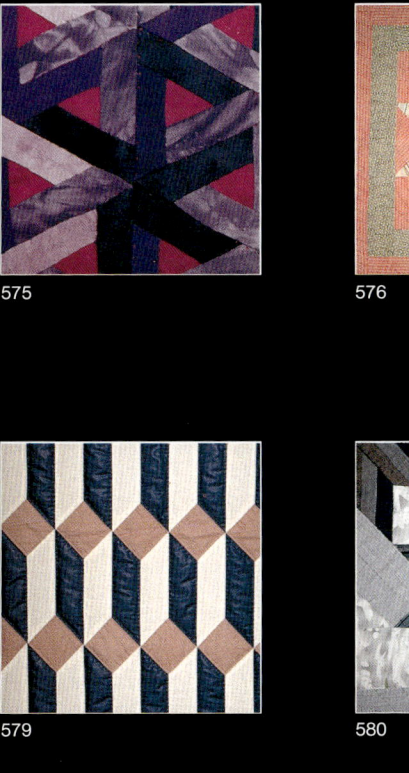

575

576

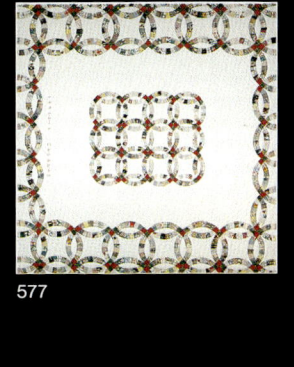

577

578

579

580

581

582

583

584

585

586

587

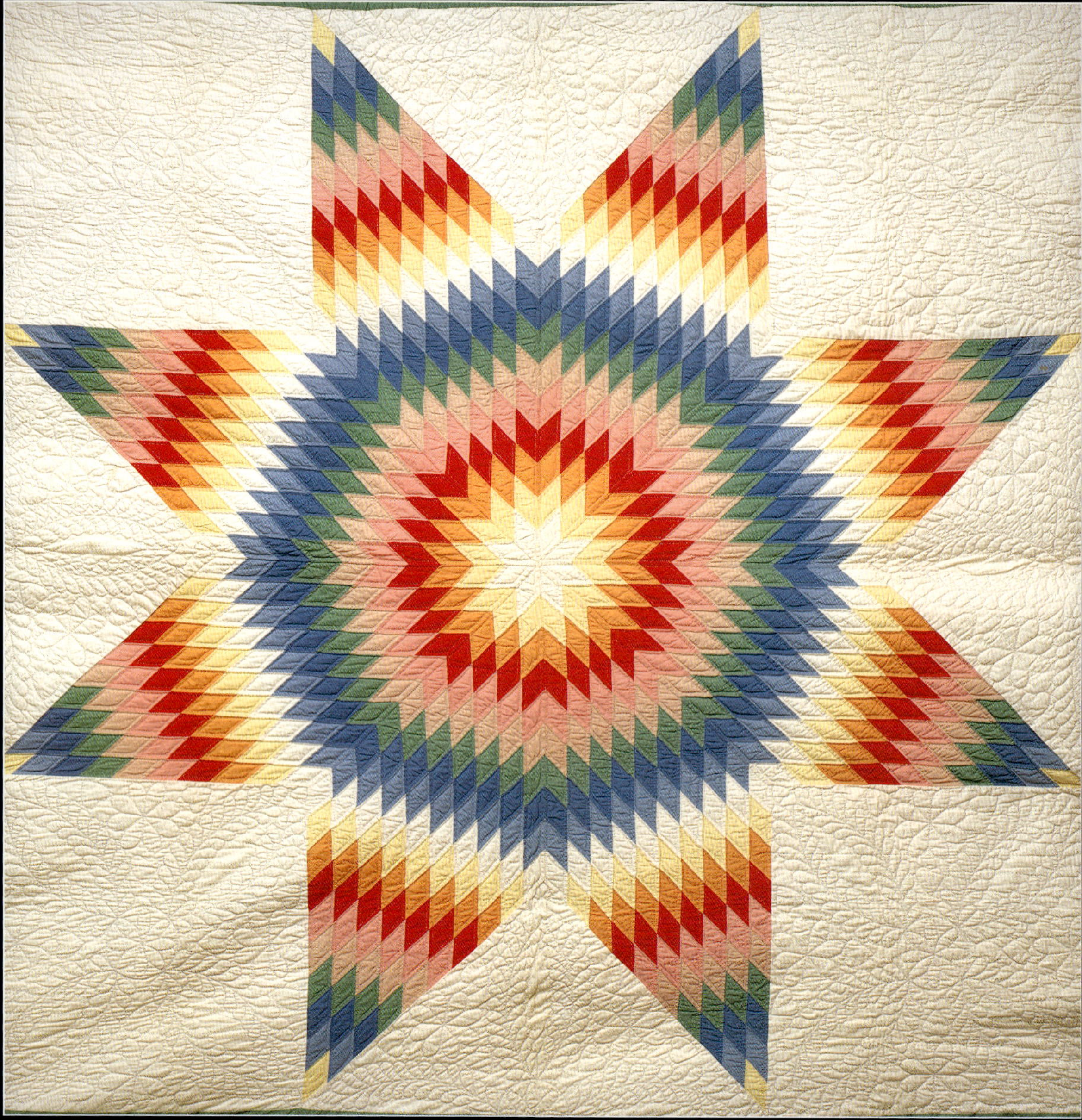

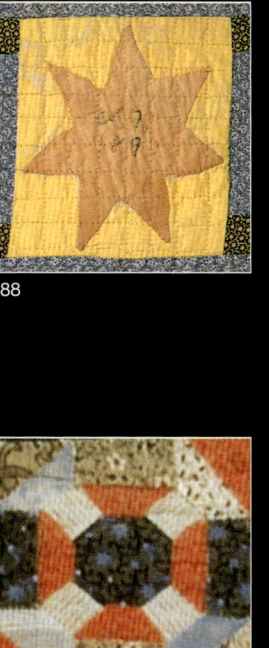

588

589

590

591

592

593

594

595

596

597

598

599

600

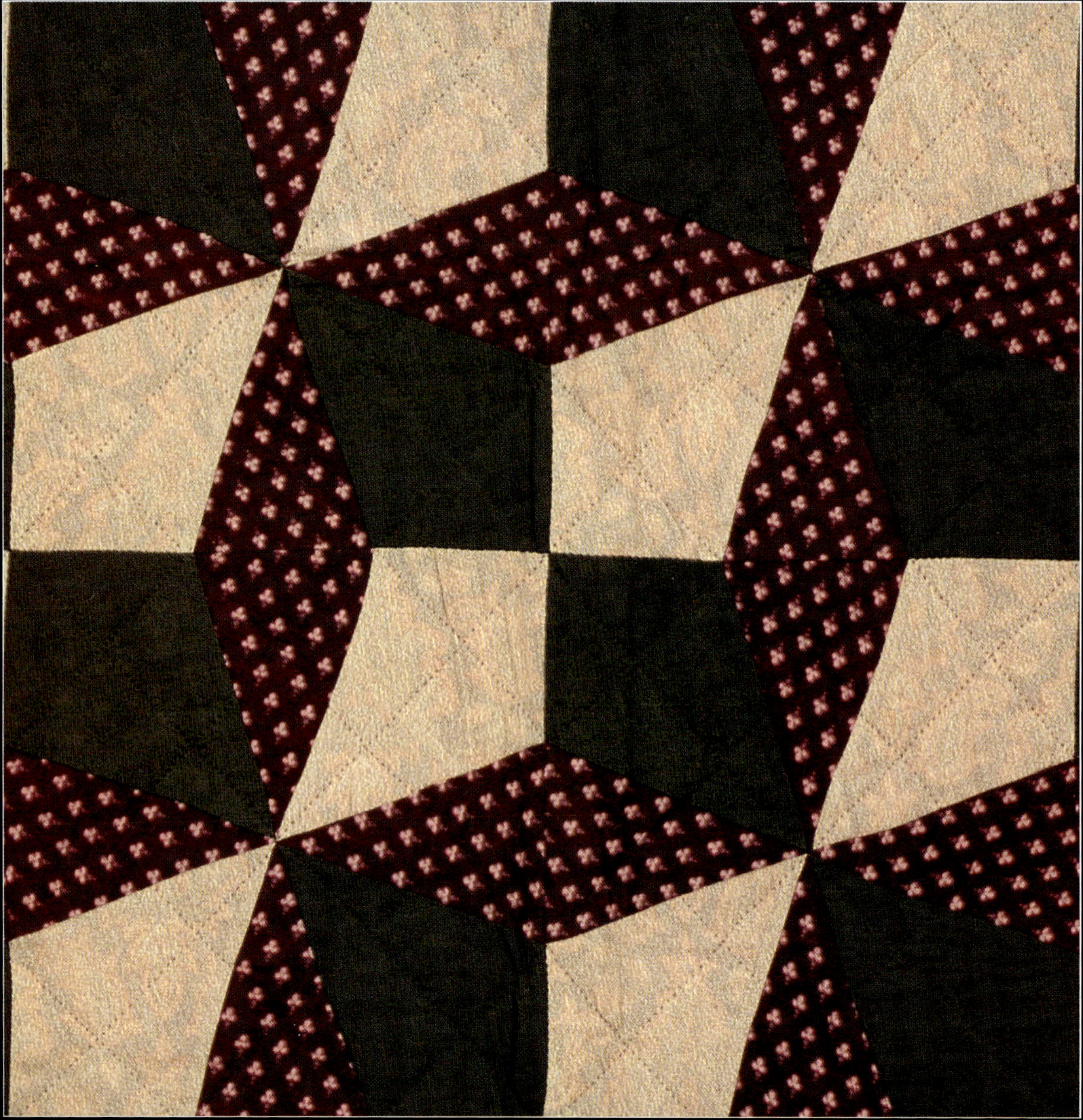

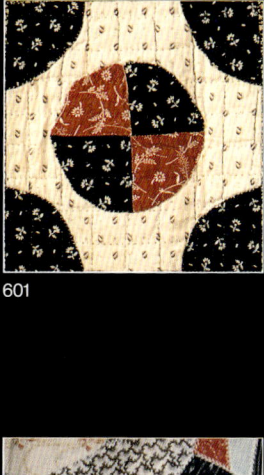

601

602

603

604

605

606

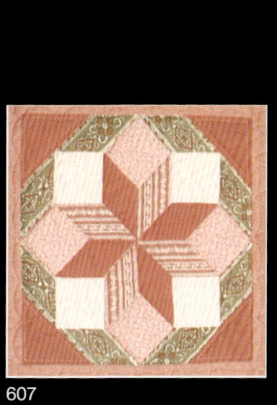

607

608

609

610

611

612

613

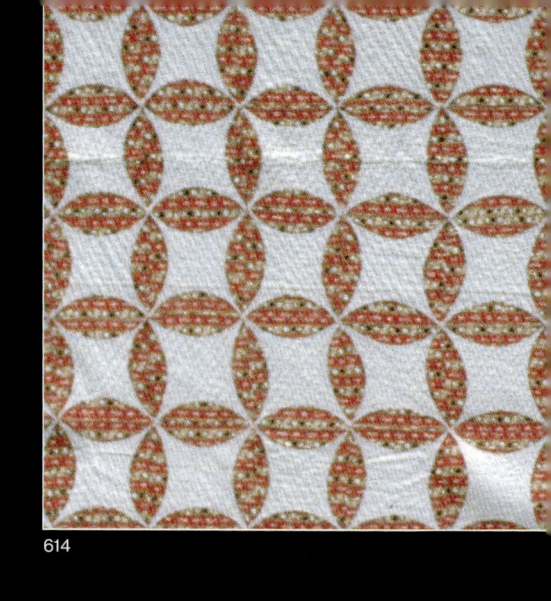

614

615

616

617

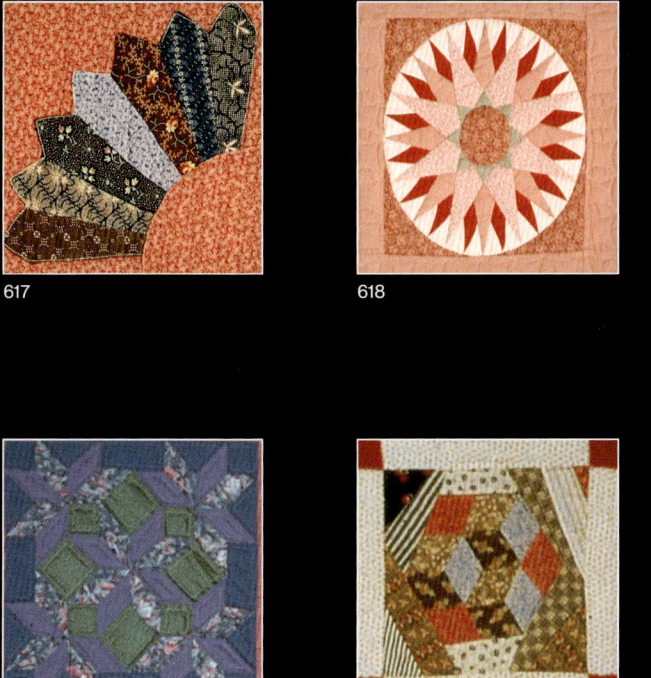

618

619

620

621

622

623

624

625

626

627

628

629

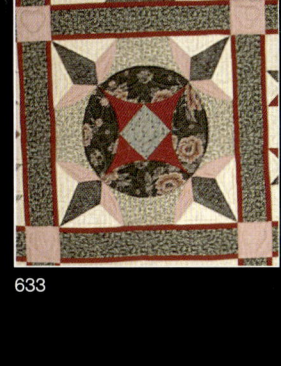

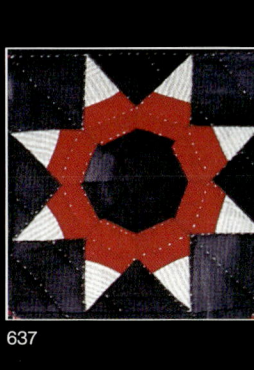

630 631 632 633
634 635 636 637
638 639 640 641

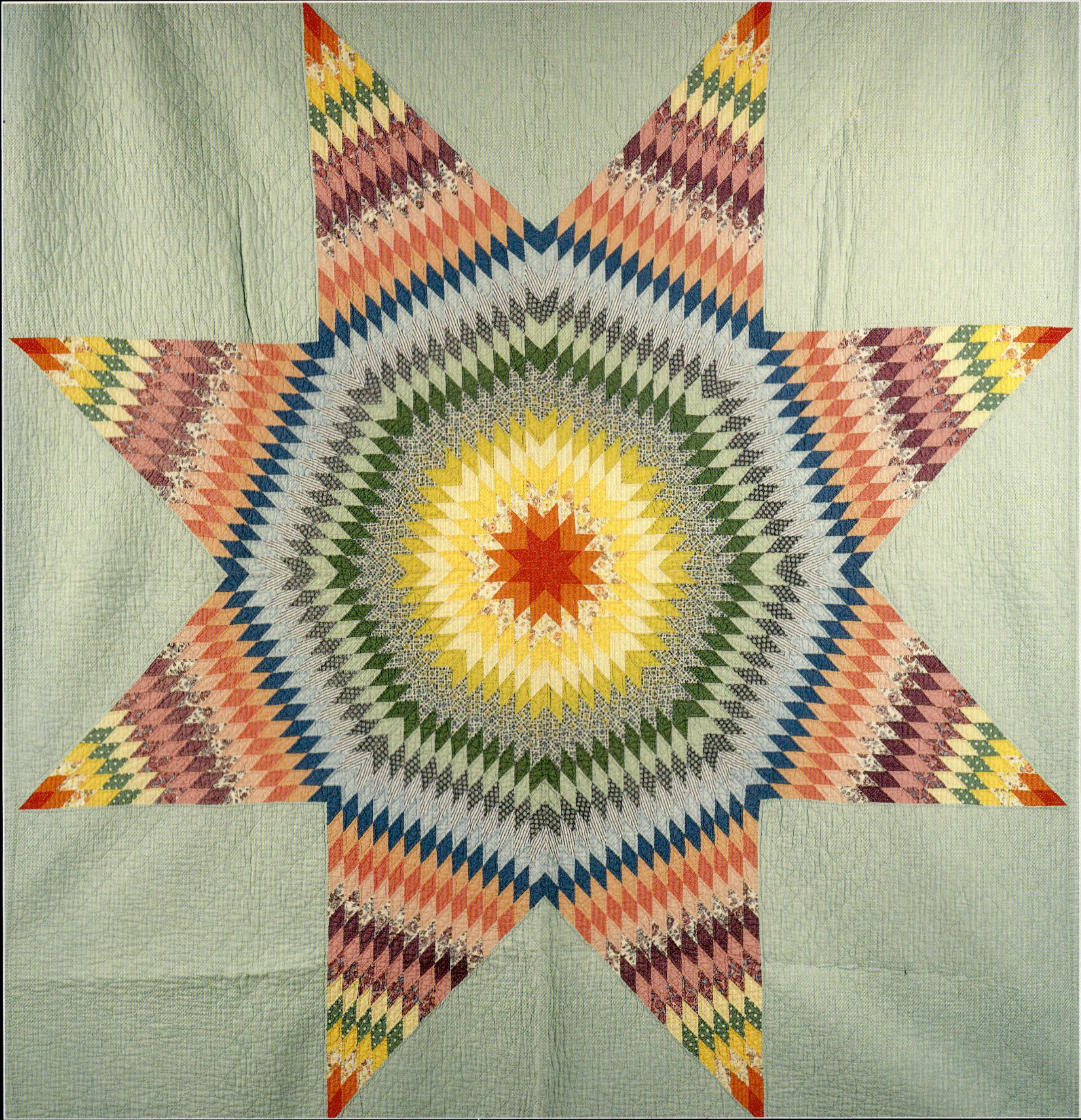

643

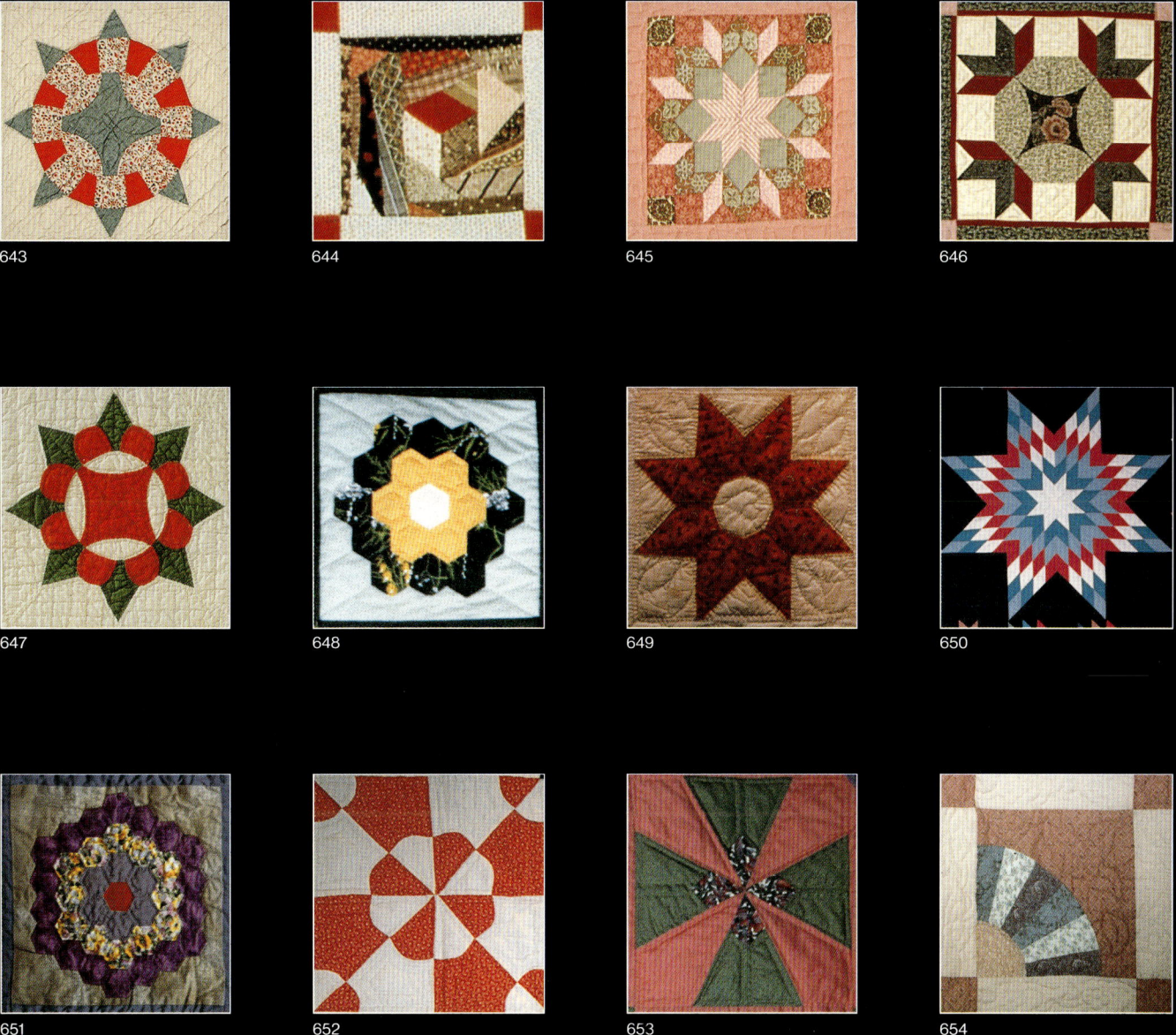

644

645

646

647

648

649

650

651

652

653

654

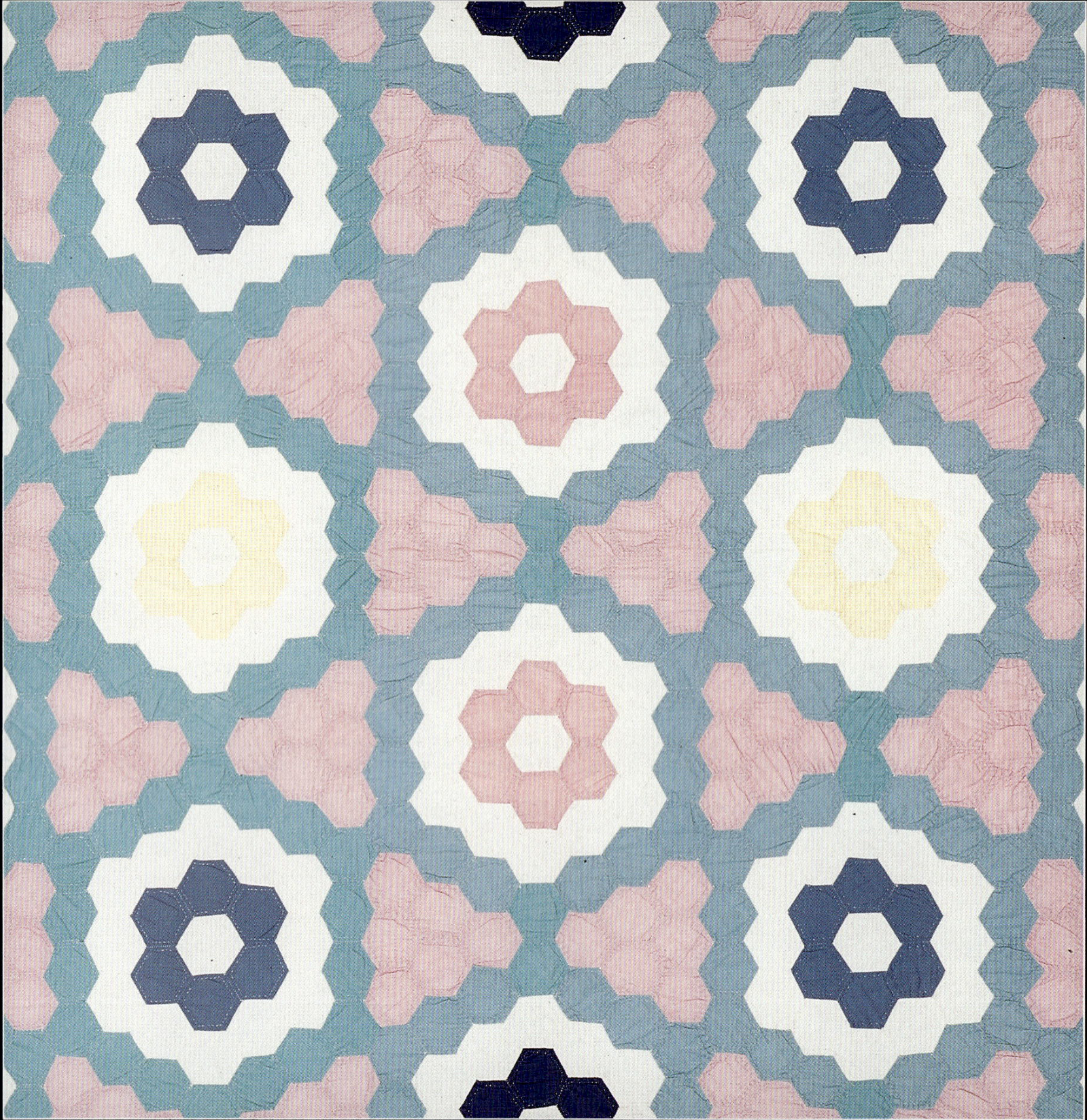

656 657 658 659

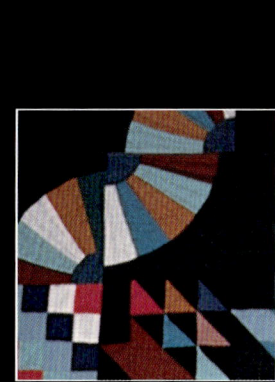

660 661 662 663

664 665 666 667

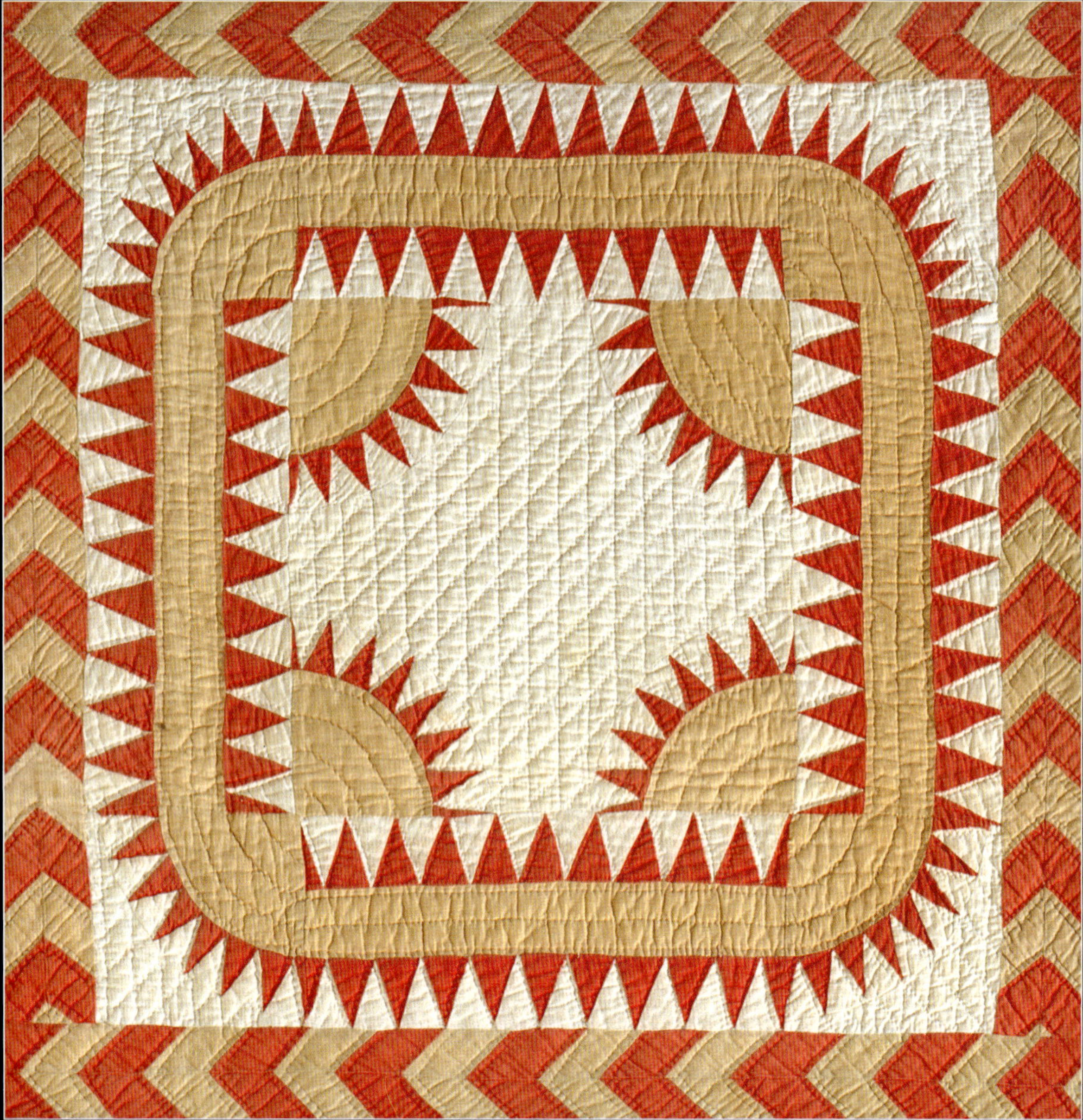

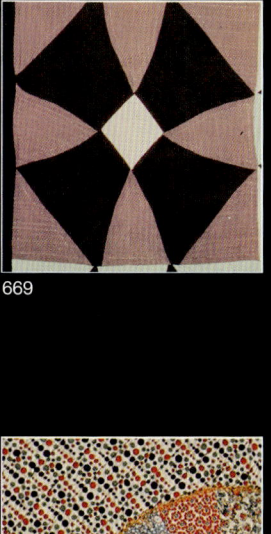

669

670

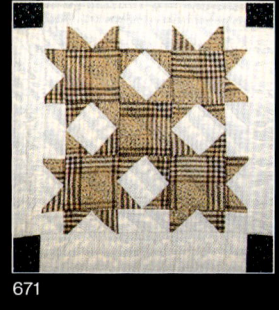

671

672

673

674

675

676

677

678

679

680

681

682

683

684

685

686

687

688

689

690

691

692

693

694

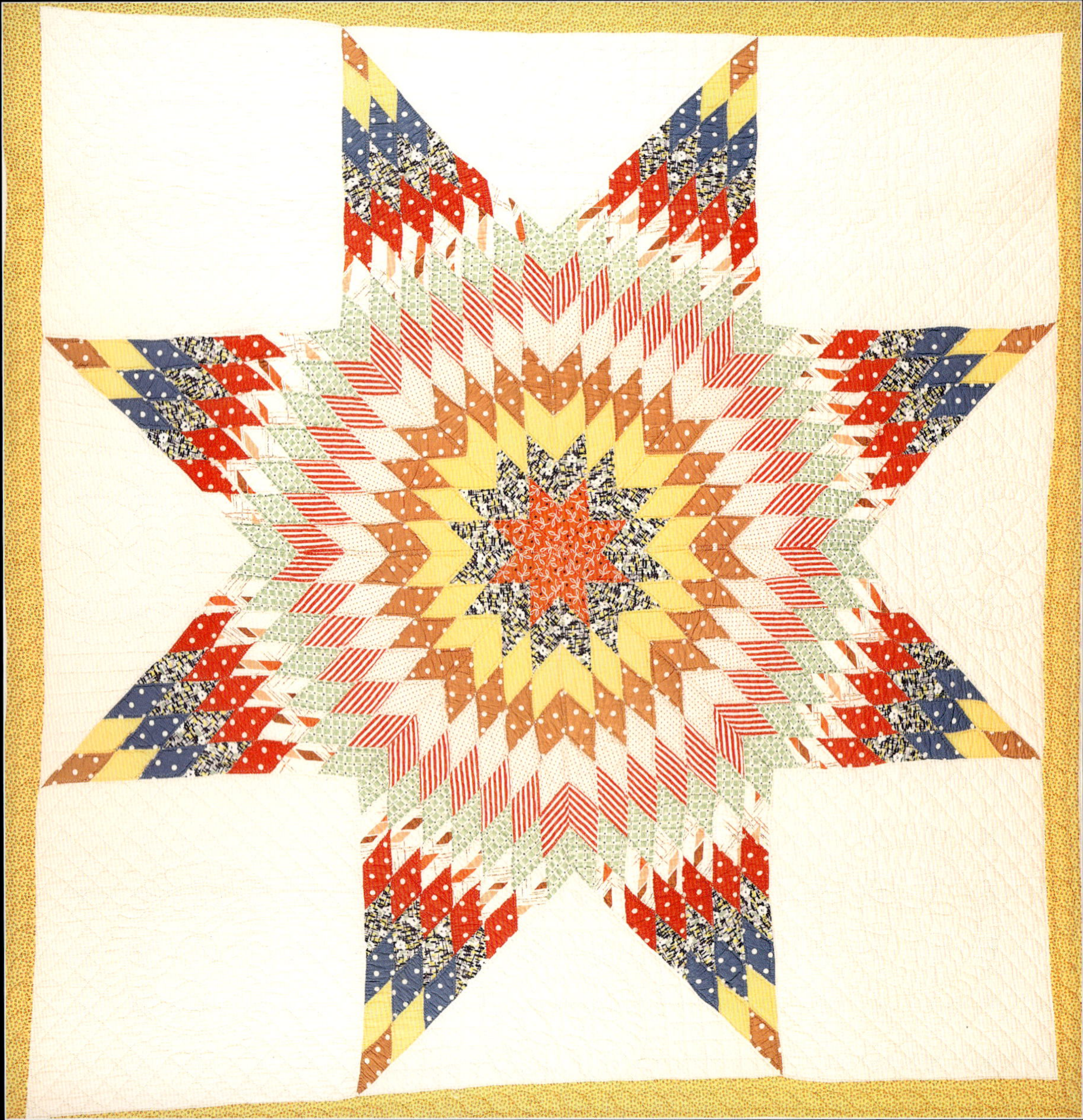

695　696　697　698

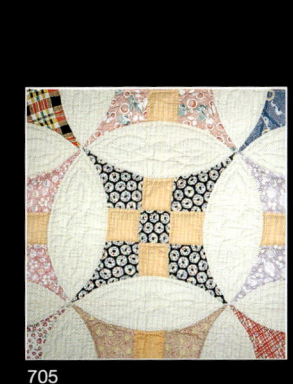

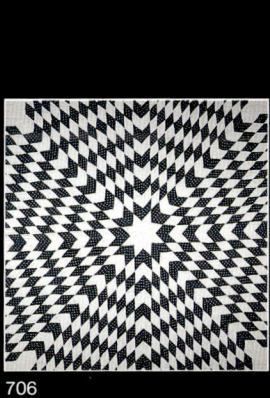

699　700　701　702

703　704　705　706

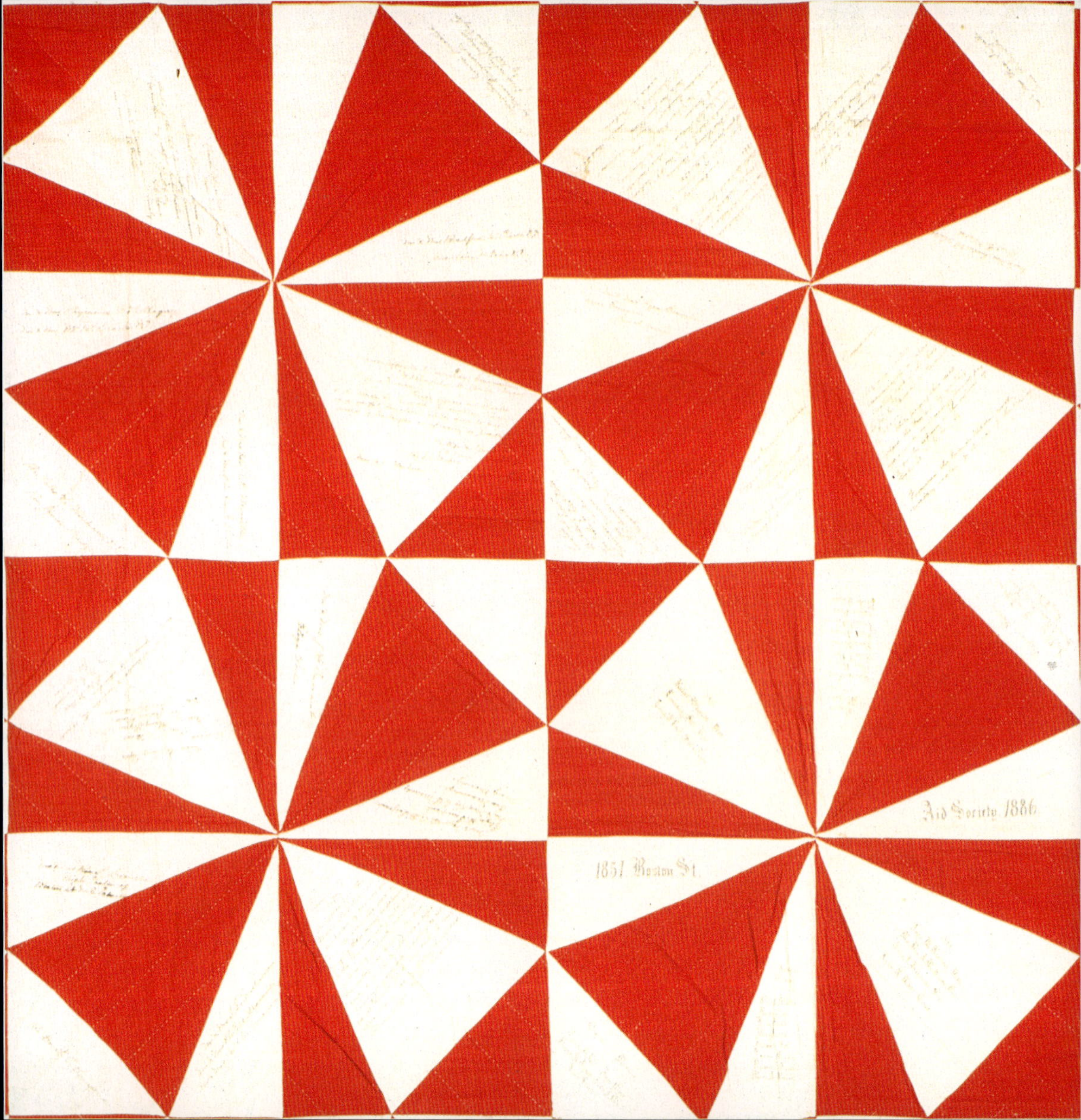
Aid Society 1886
1851 Boston St.

708

709

710

711

712

713

714

715

716

717

718

719

720

721

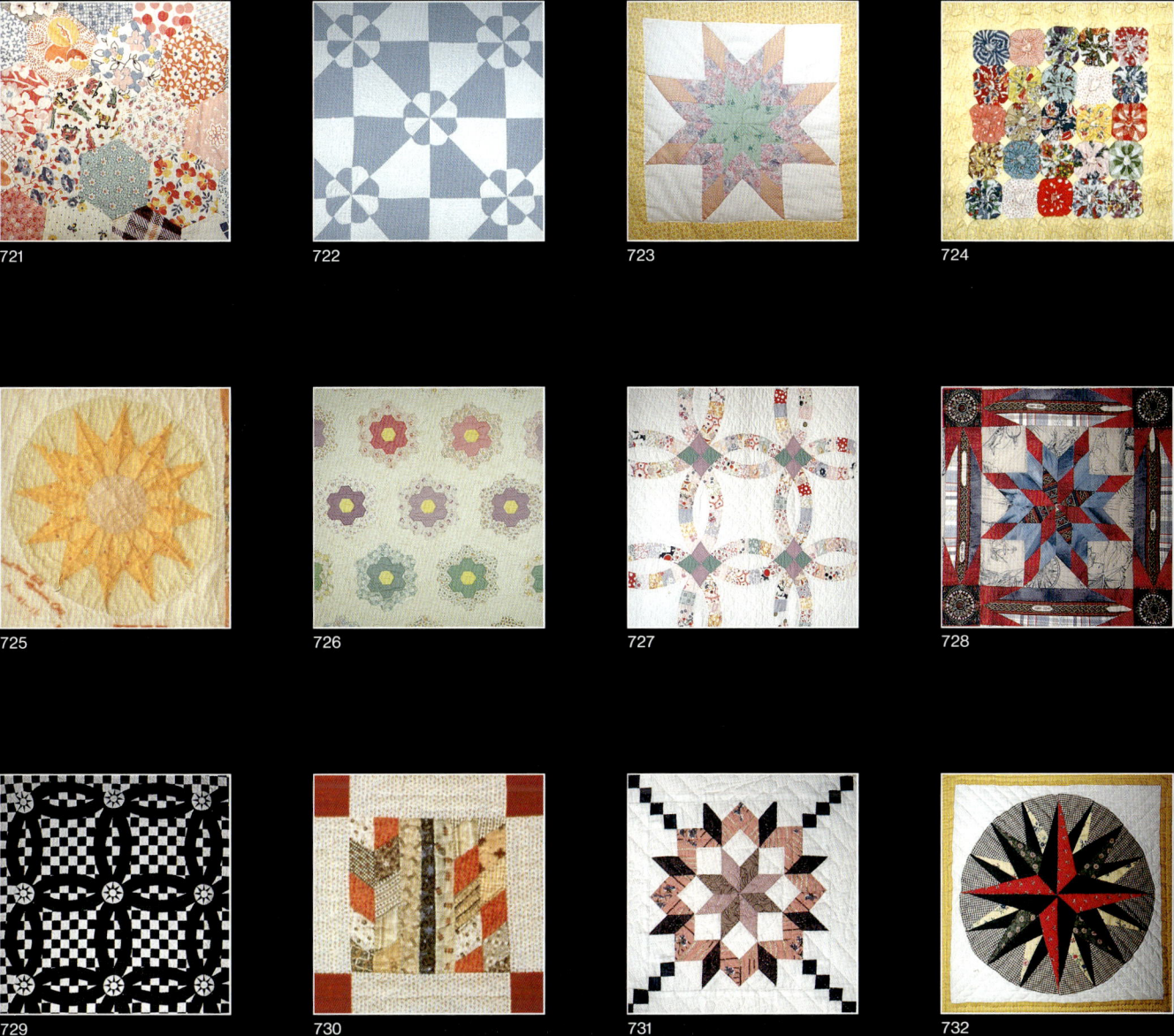

722

723

724

725

726

727

728

729

730

731

732

733

734

735

736

737

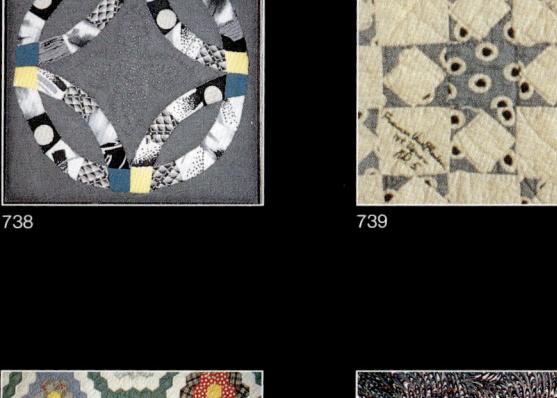

738

739

740

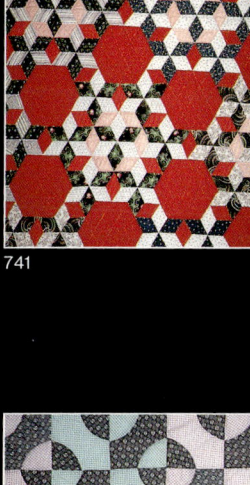

741

742

743

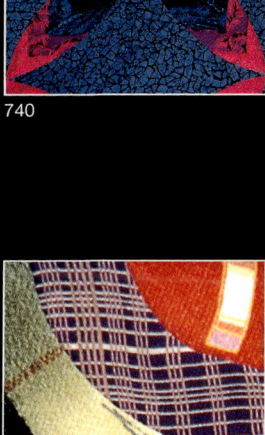

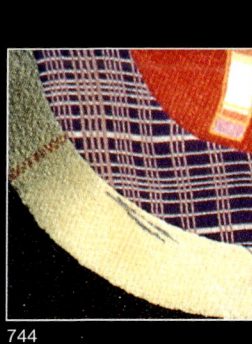

744

745

746

747

748

749

750

751

752

753

754

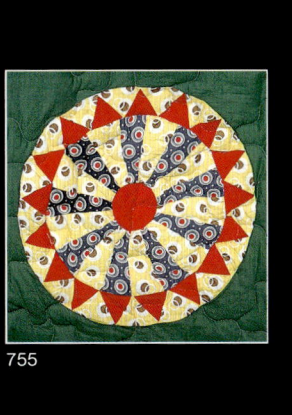

755

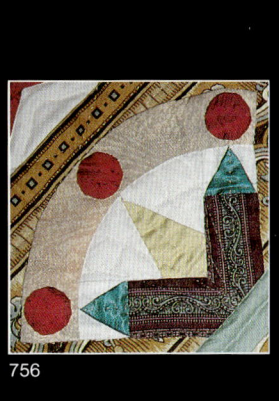

756

757

758

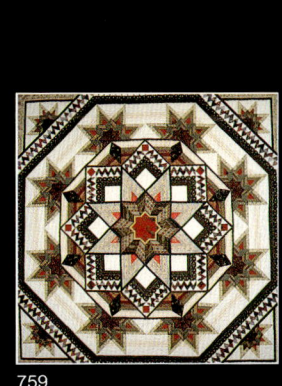

759

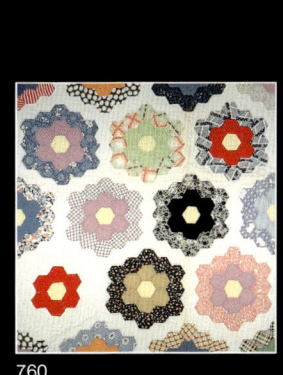

760

761

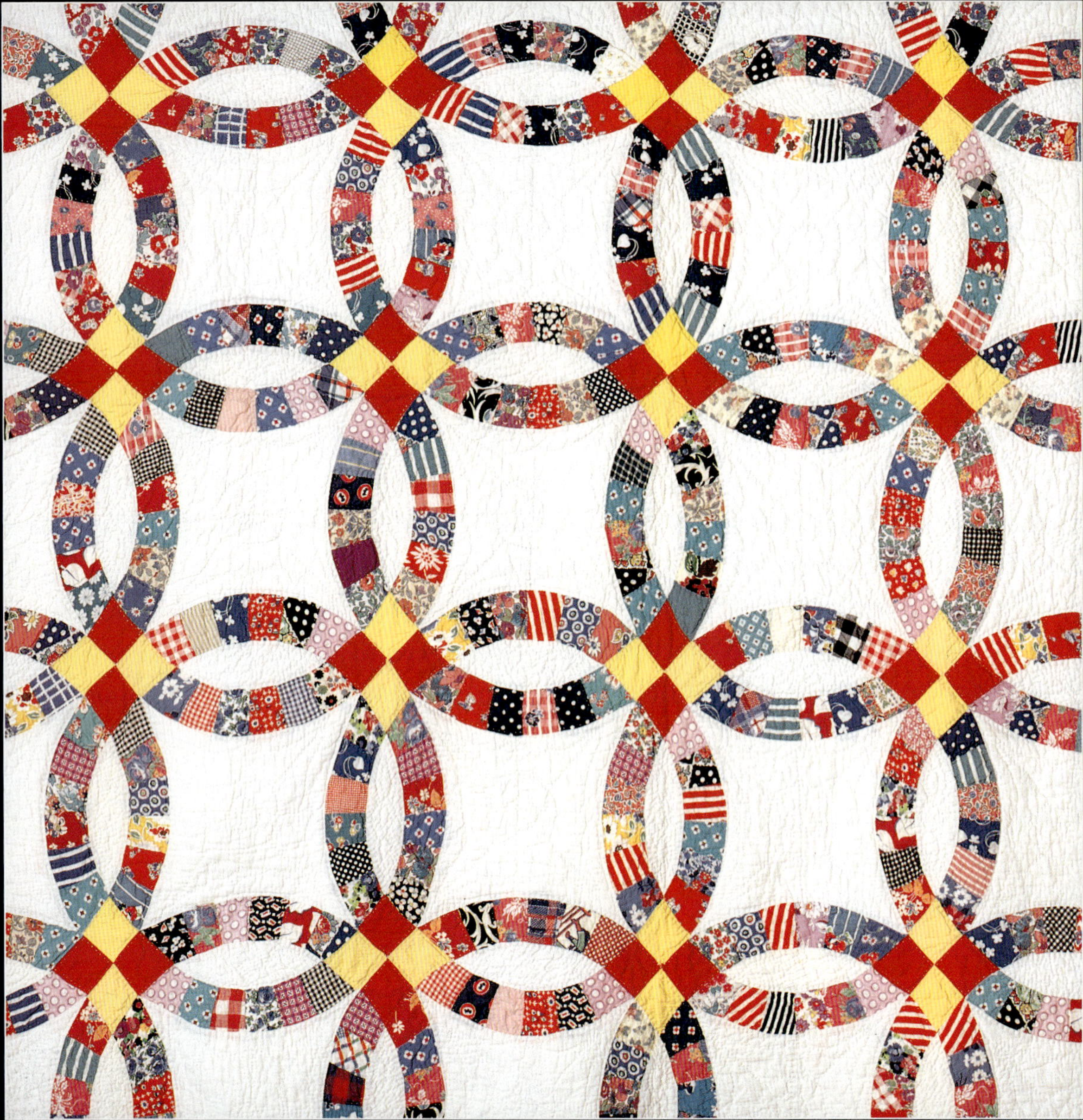

763

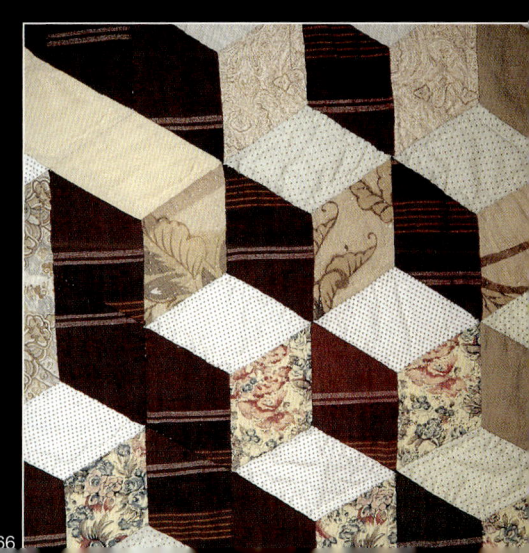

764

765

766

767

768　　　　　　　769　　　　　　　770　　　　　　　771

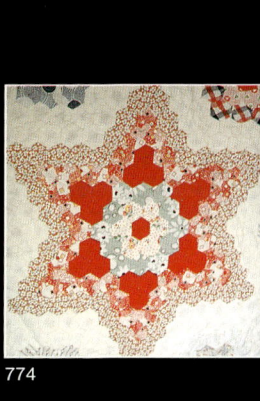

772　　　　　　　773　　　　　　　774　　　　　　　775

776　　　　　　　777　　　　　　　778　　　　　　　779

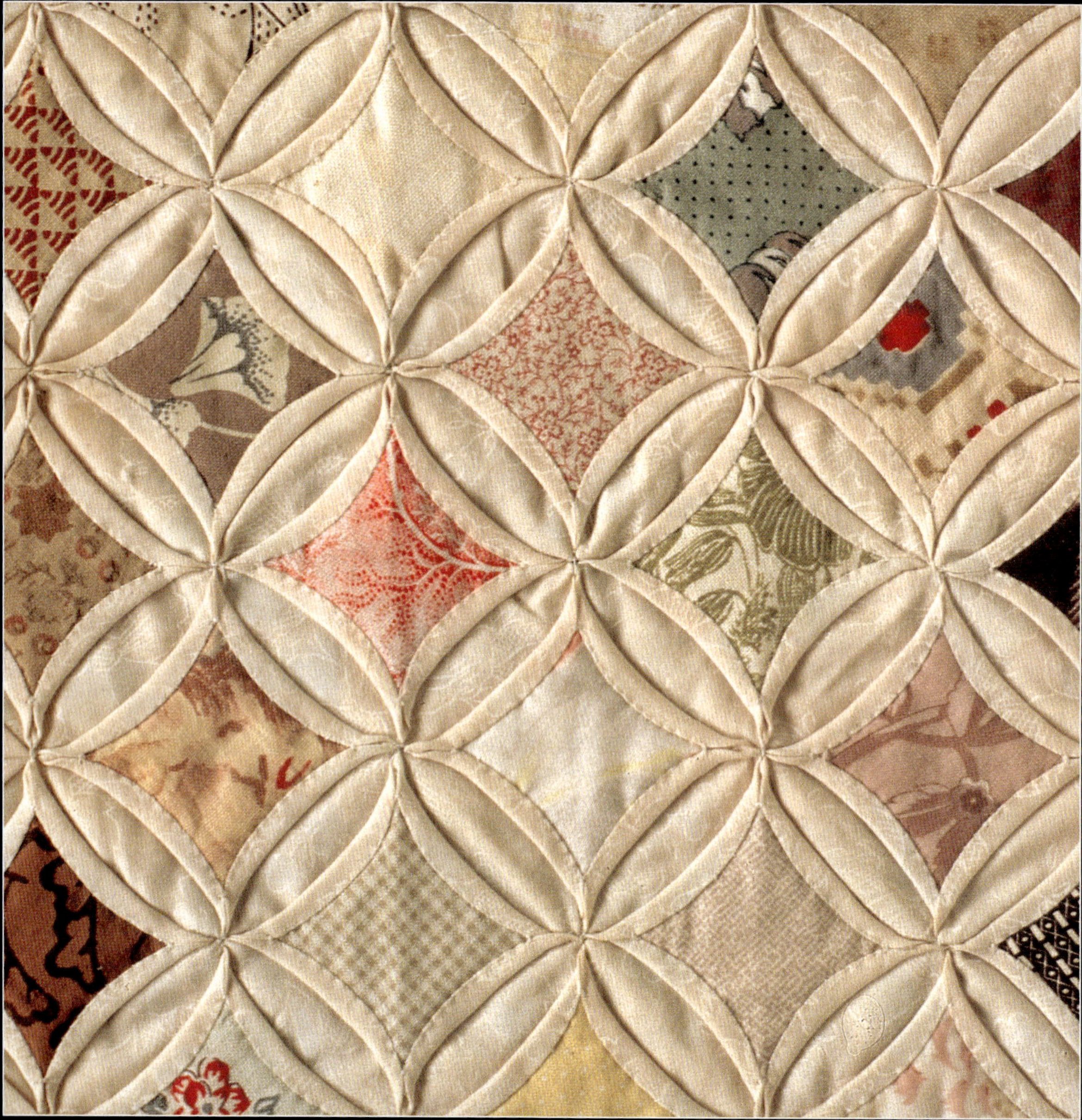

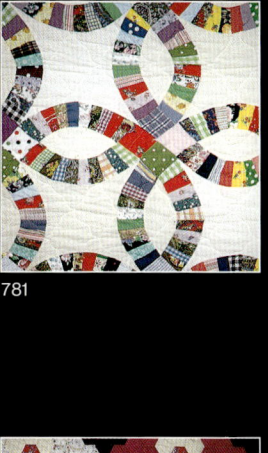

781

782

783

784

785

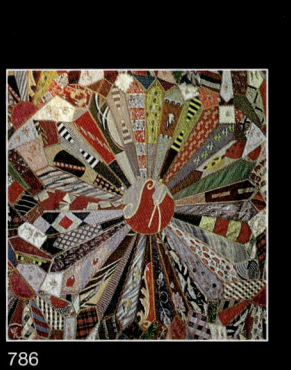

786

787

788

789

790

791

792

793

794

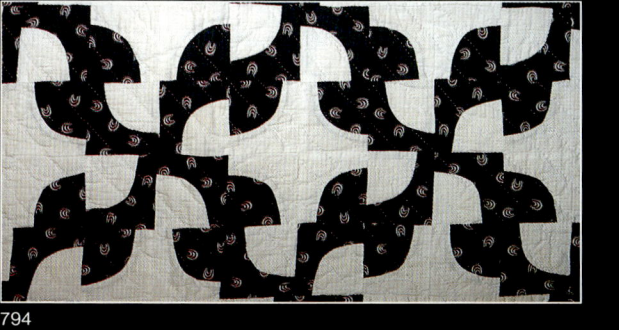

795

796

797

798

799

800

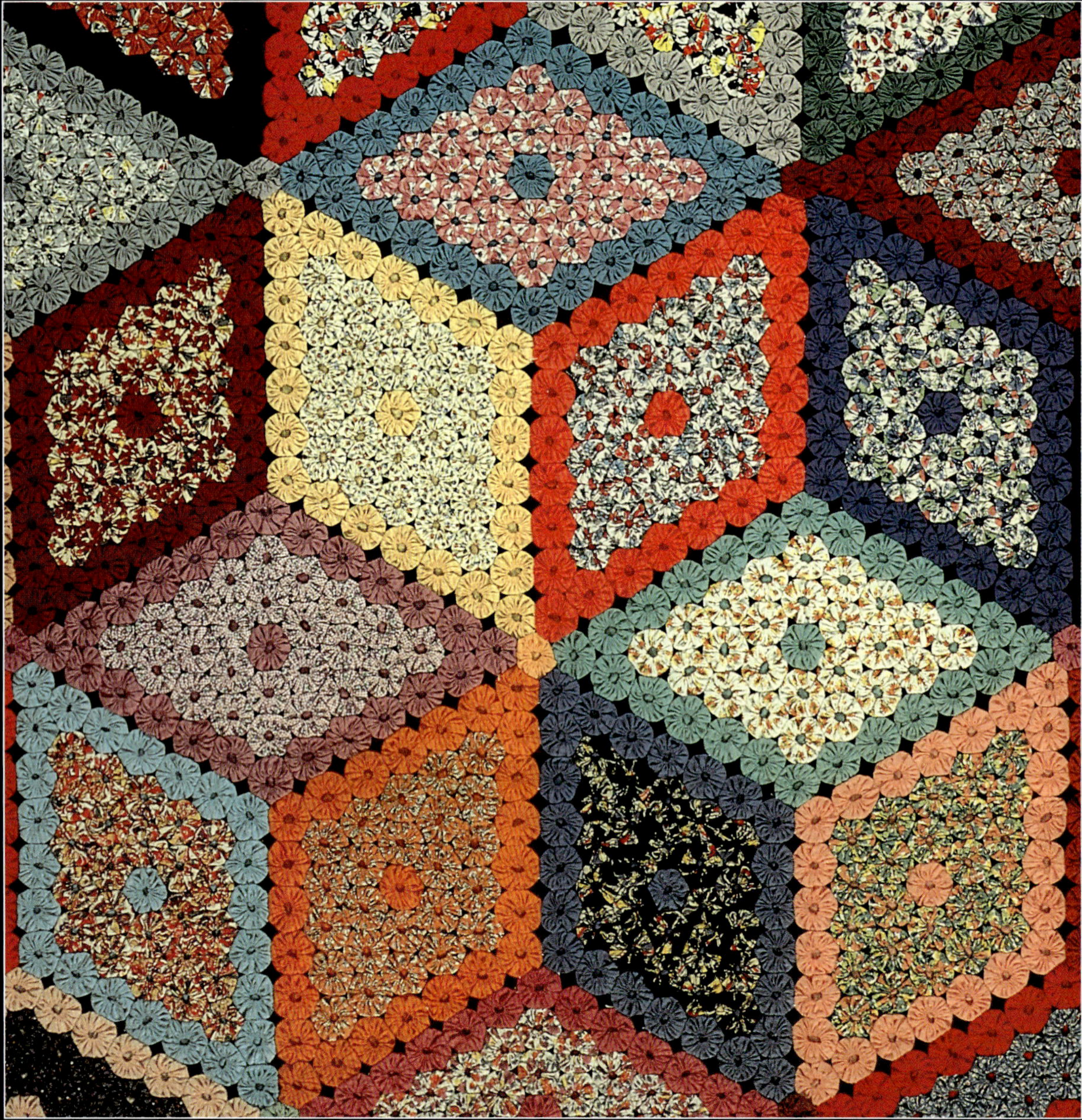

801

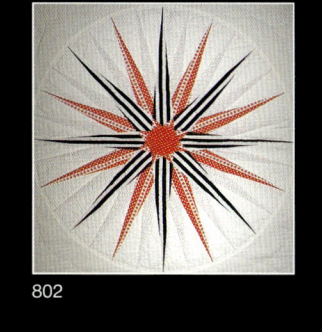

802

803

804

805

806

807

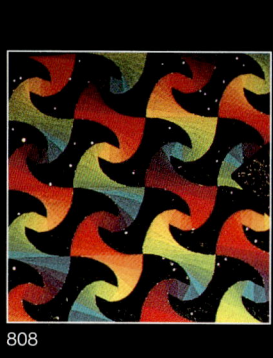

808

809

810

811

812

813

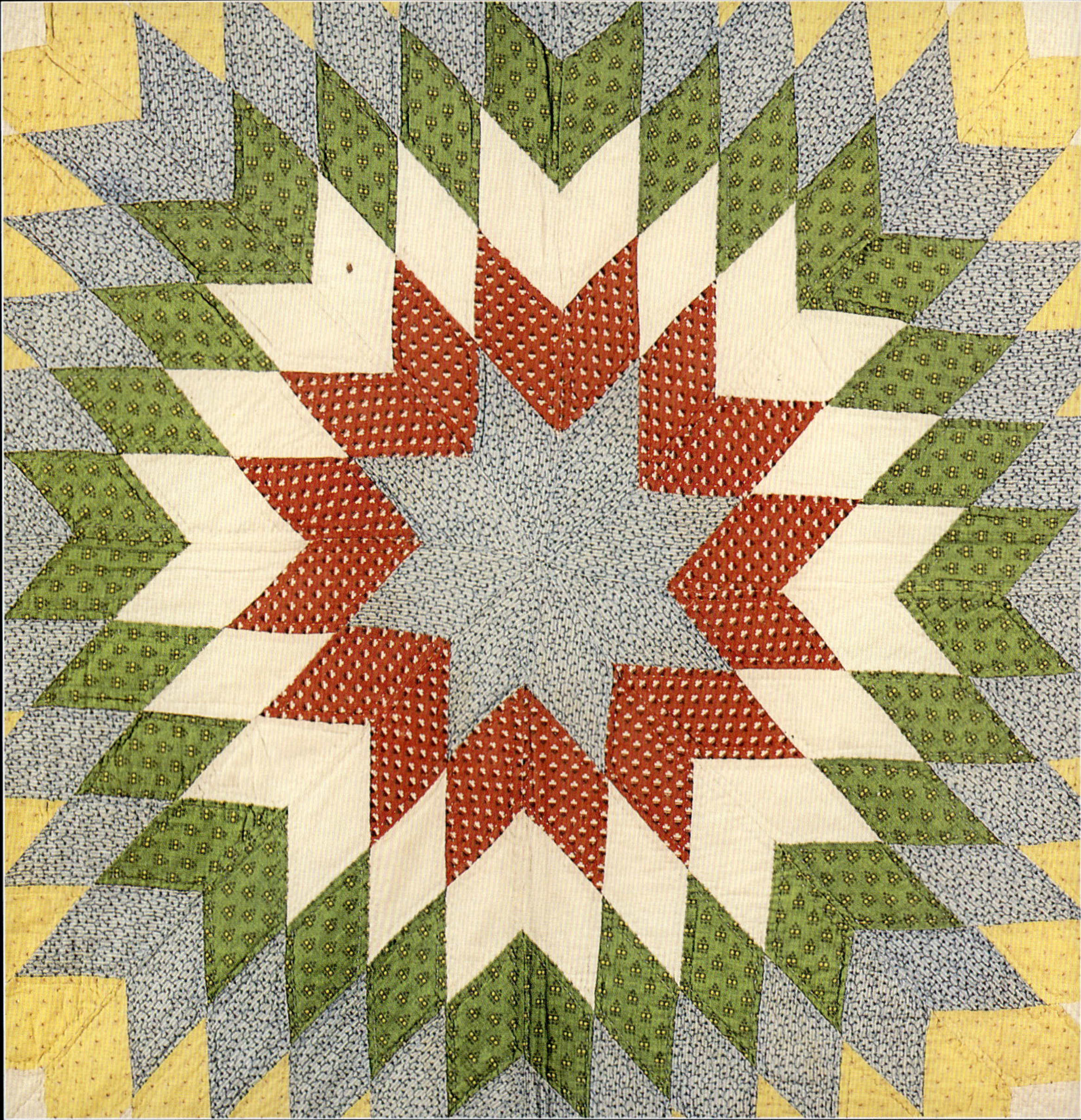

814

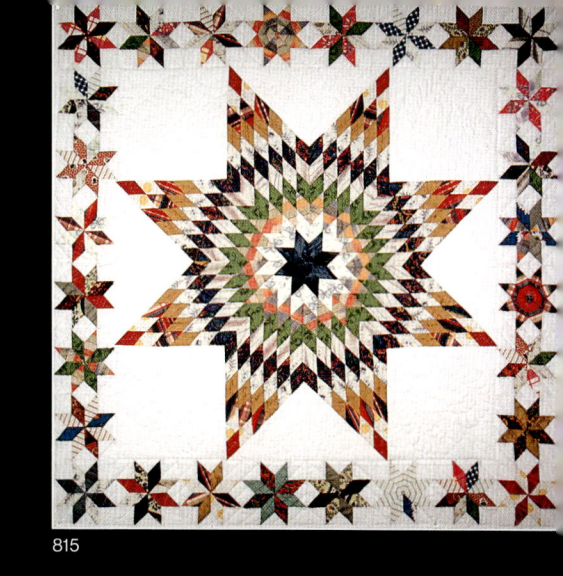

815

816

817

818

819

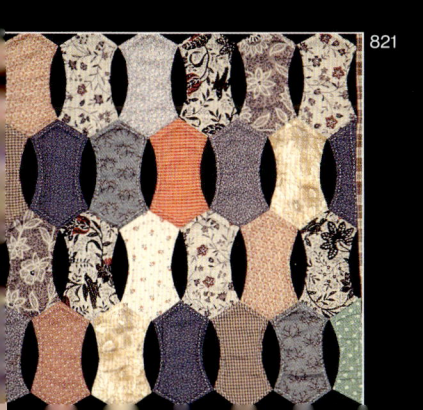

820

821

822

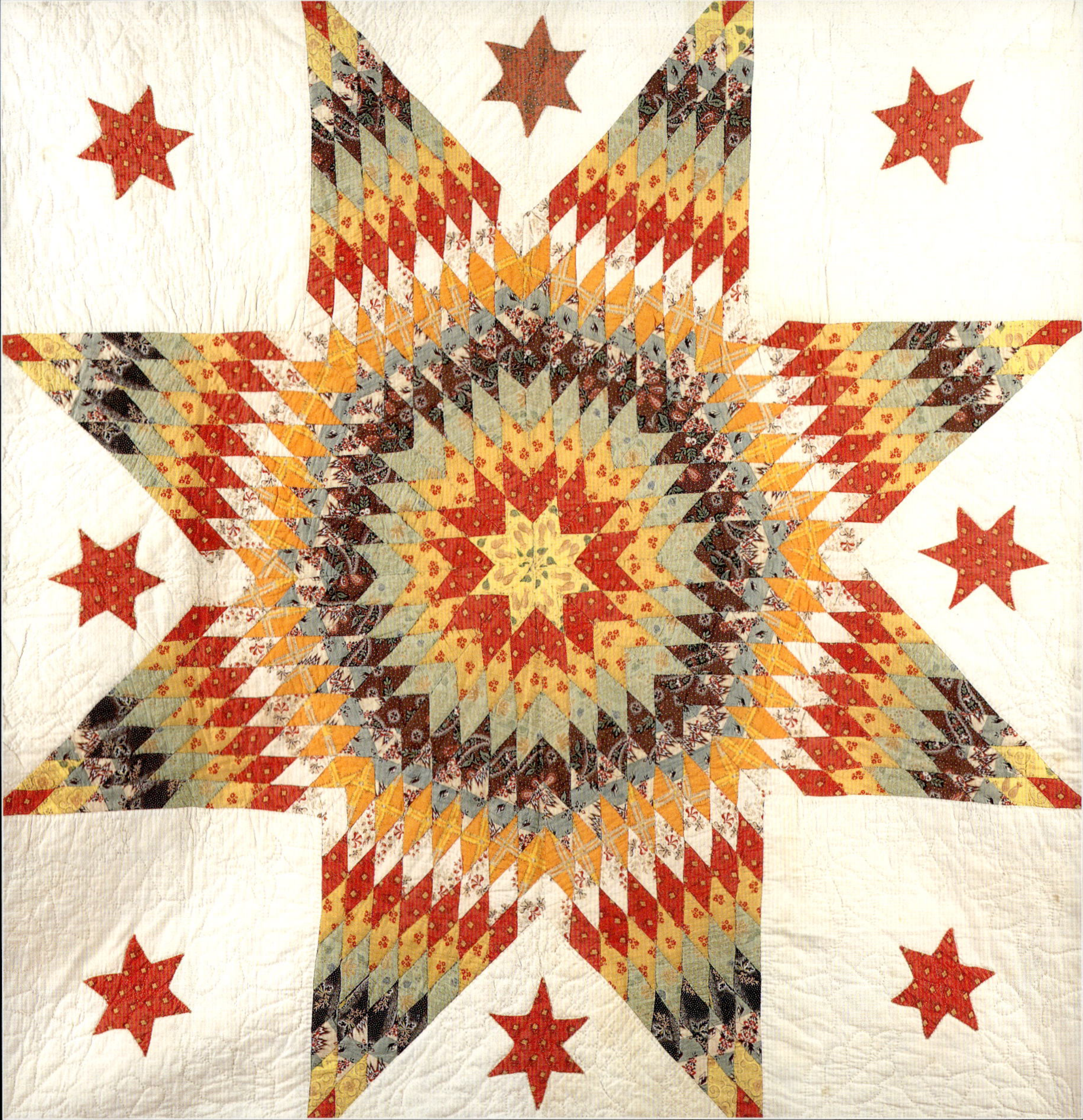

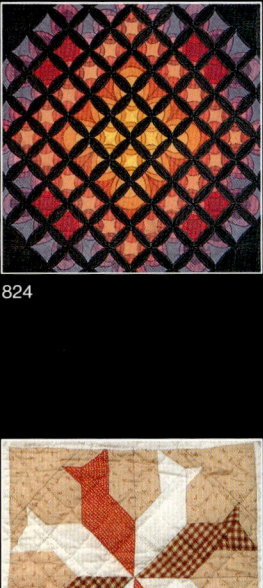

824

825

826

827

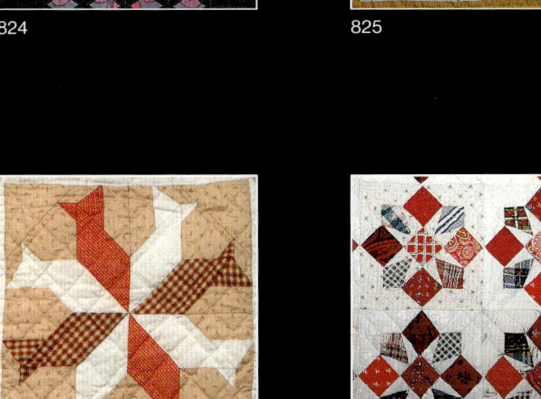

828

829

830

831

832

833

834

835

836

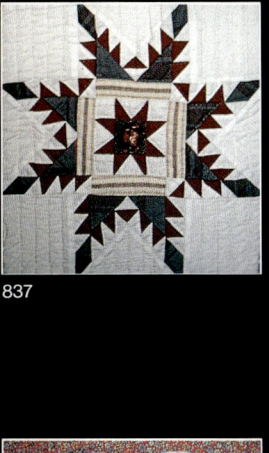

837

838

839

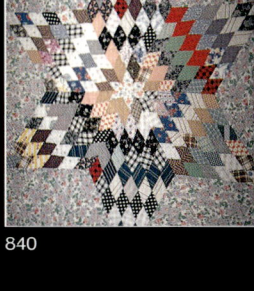

840

841

842

843

844

845

846

847

848

849

850

851

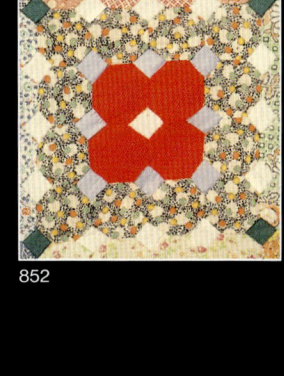

852

853

854

855

856

857

858

859

860

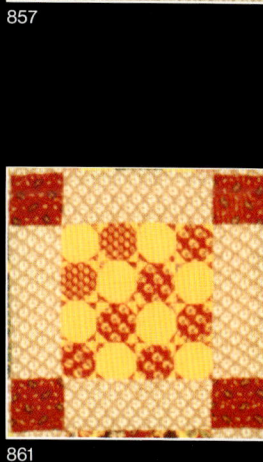

861

862

863 864 865 866

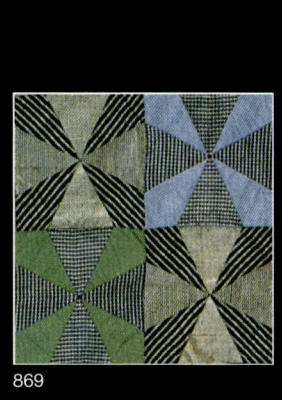

867 868 869 870

871 872 873 874

875

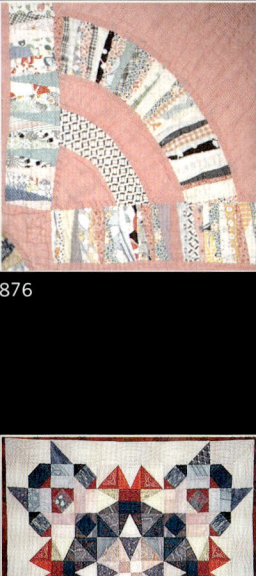

876

877

878

879

880

881

882

883

884

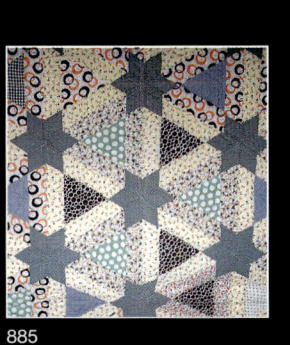

885

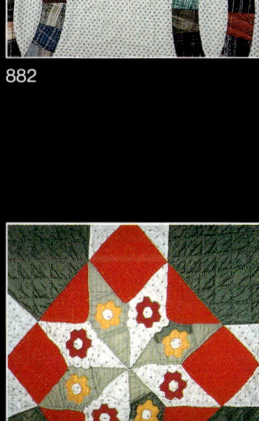

886

887

888

889 890 891 892

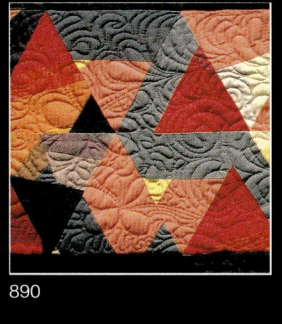

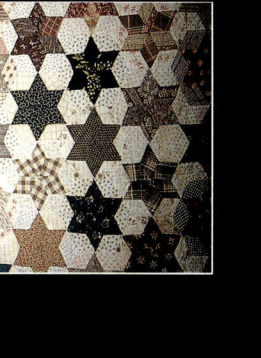

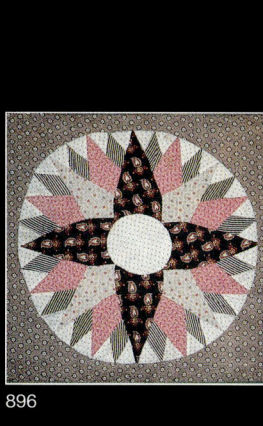

893 894 895 896

897 898 899 900

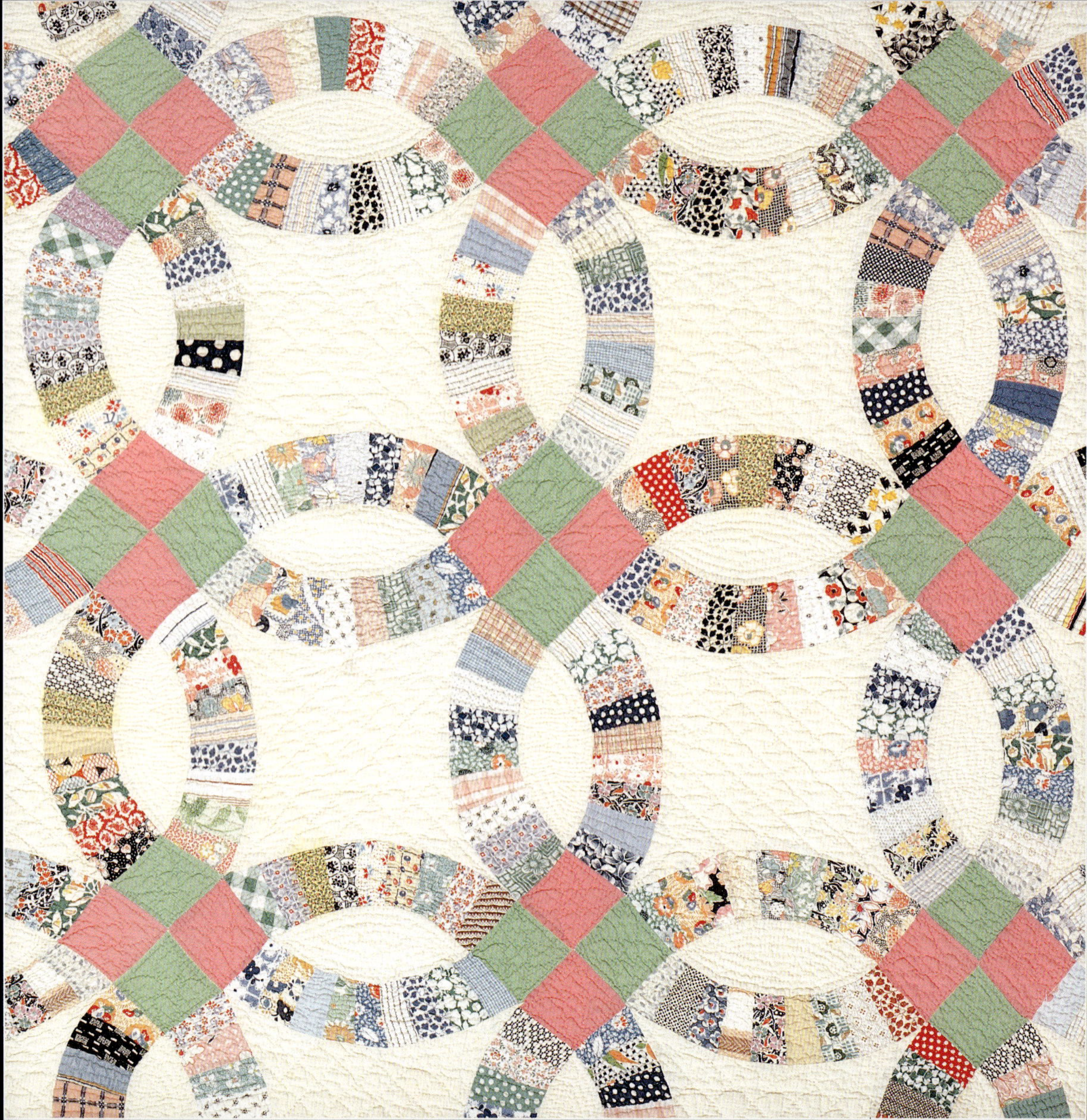

902

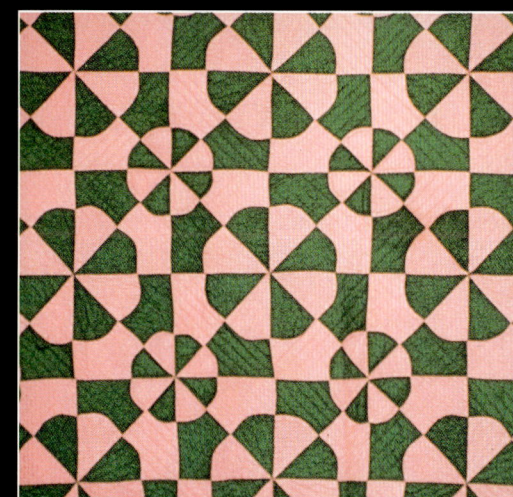

903

904

905

906

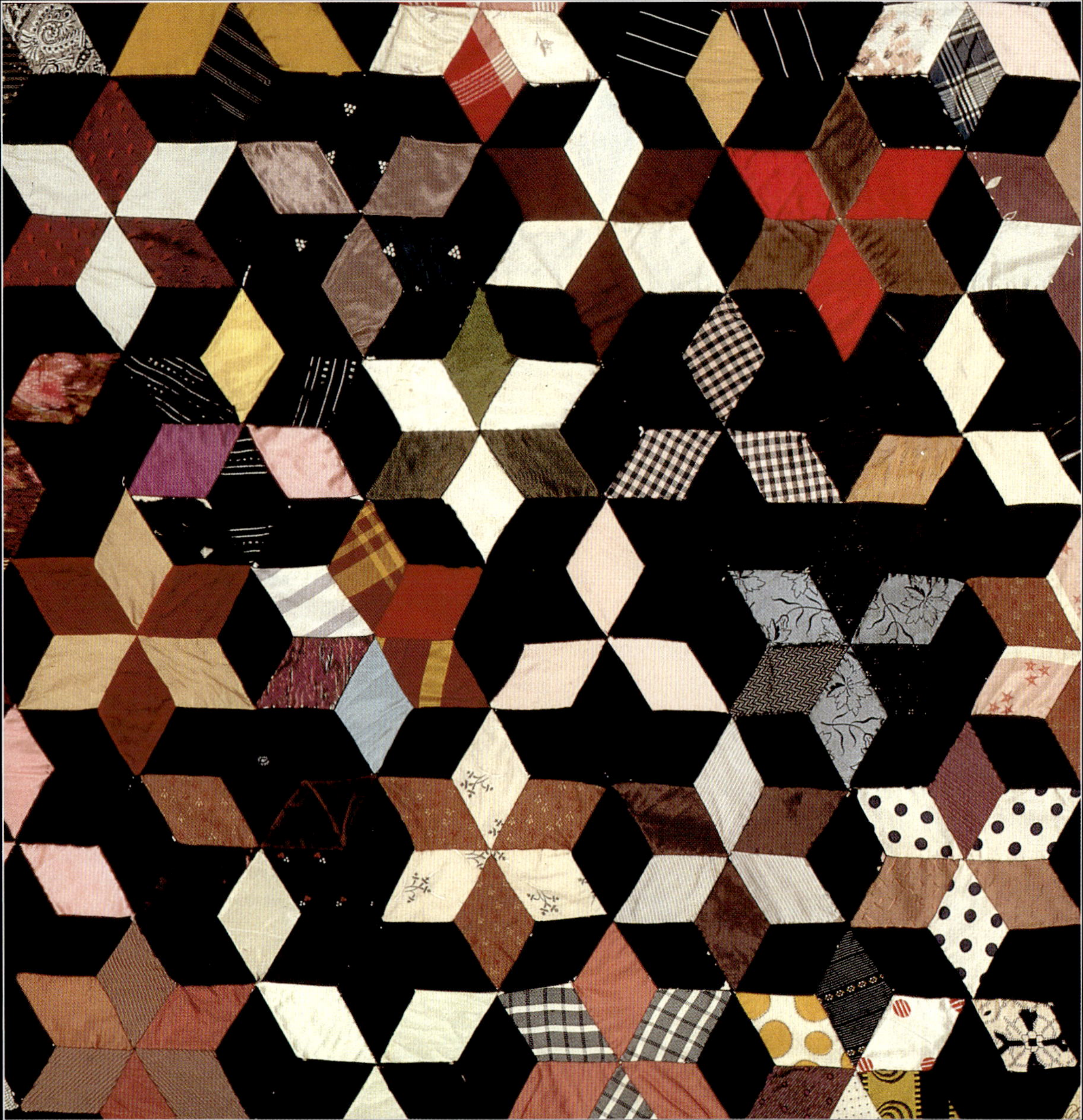

907

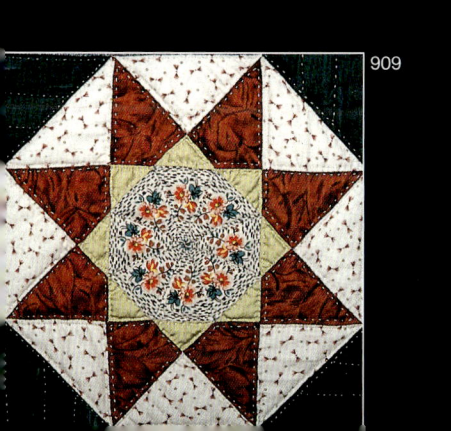

908

909

910

911

912

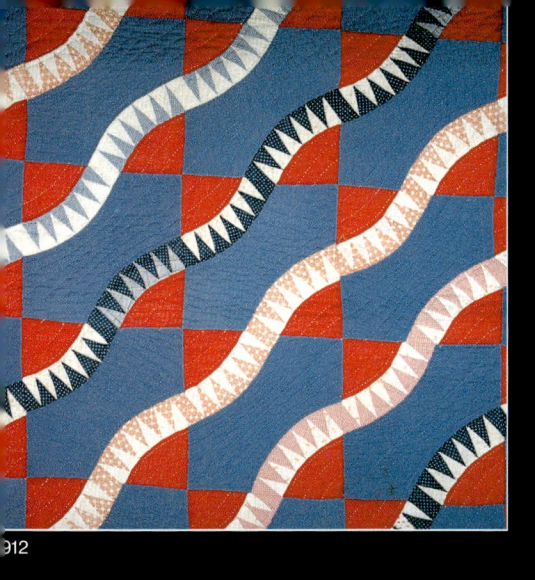

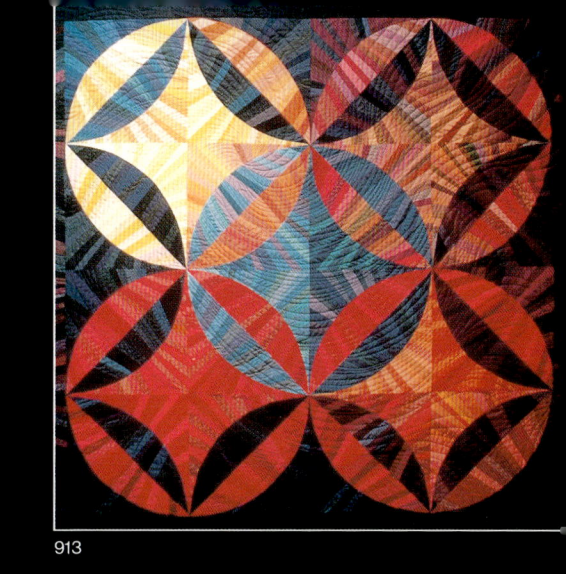

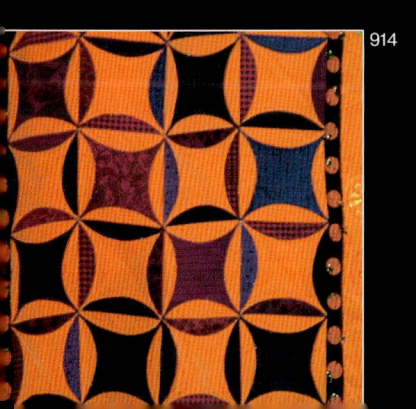

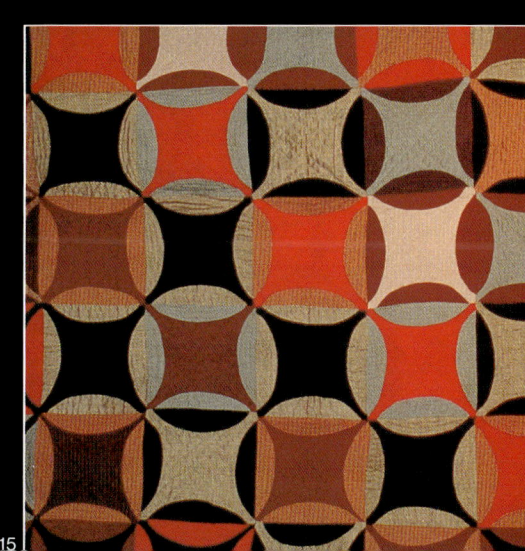

913

914

915

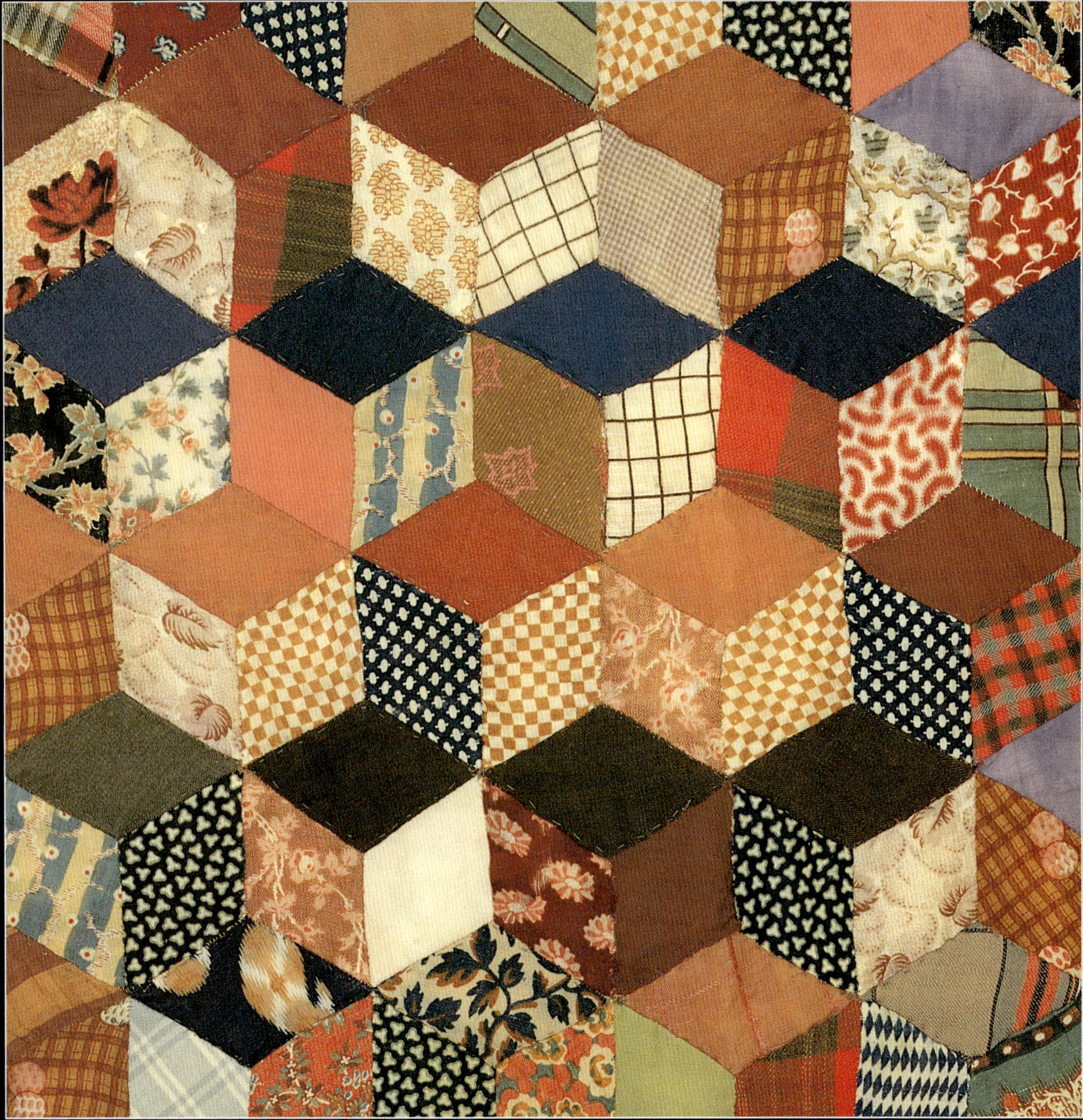

917

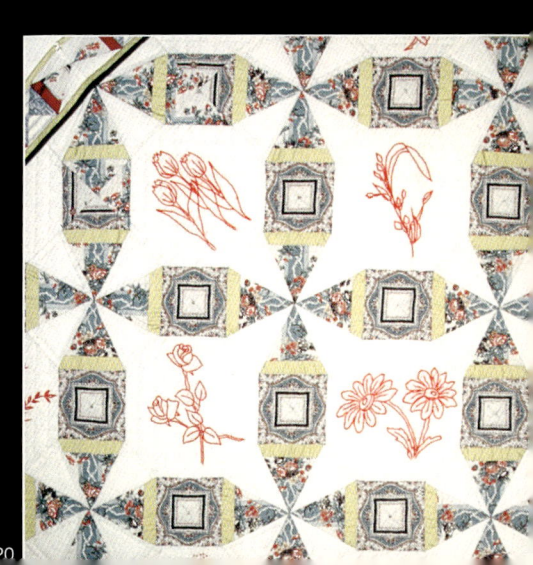

918

919

920

921

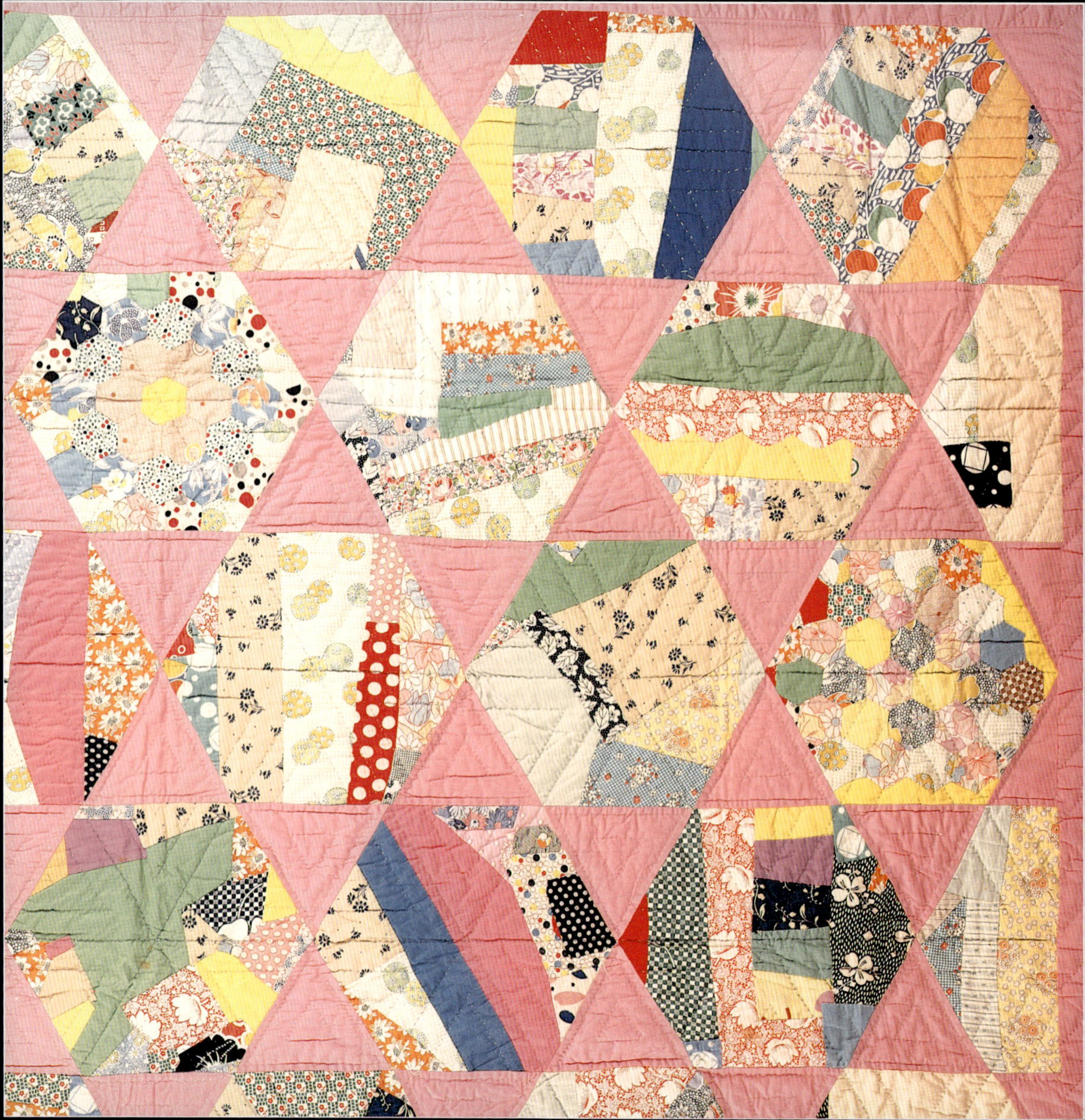

922

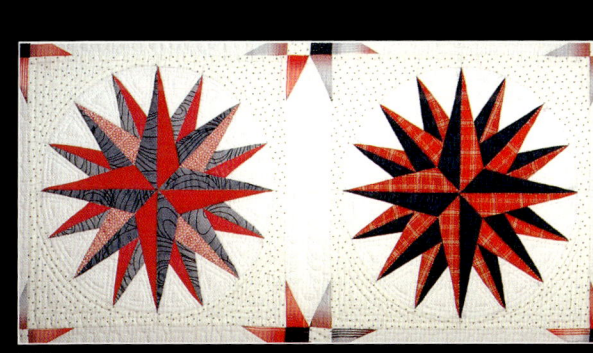

923

924

925

926

927

928

929

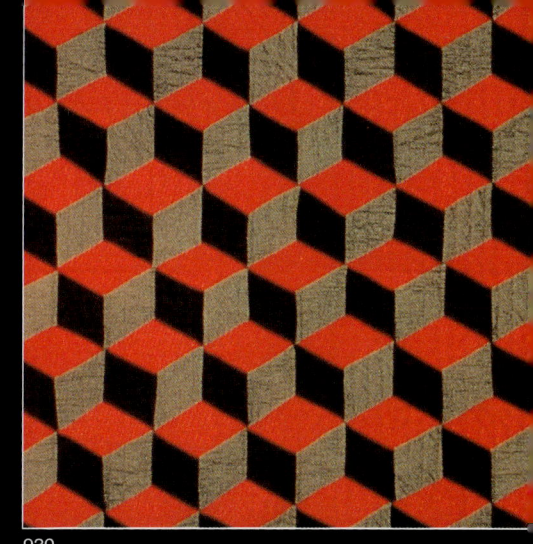

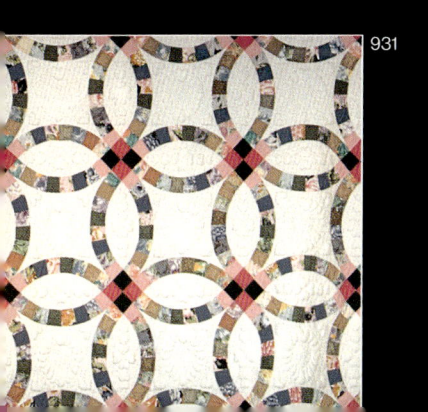

930

931

932

933

934

935

936

937

938

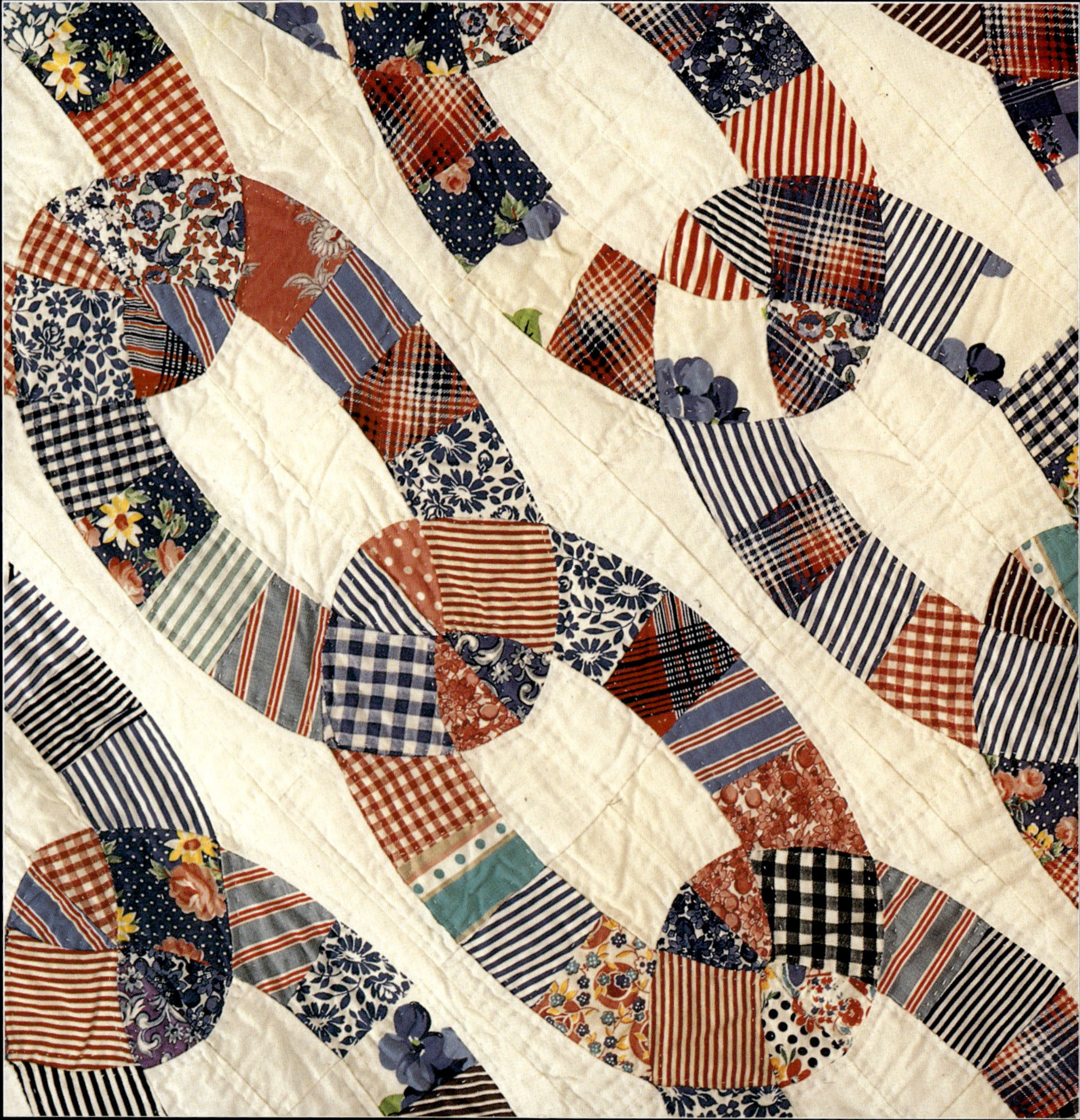

939

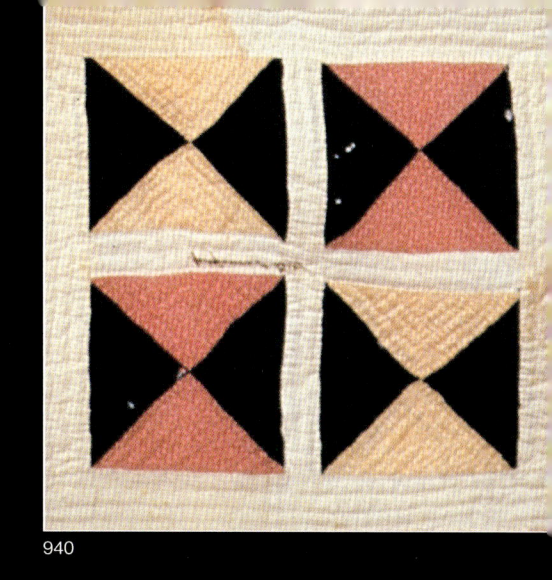

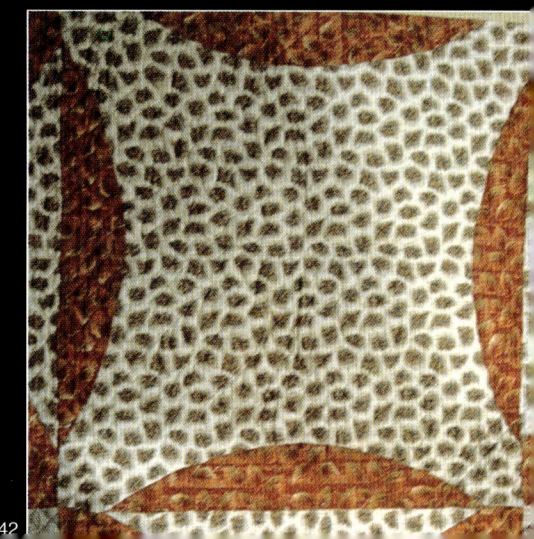

940

941

942

943

944

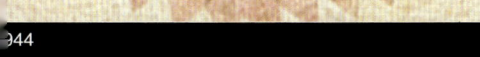

945

946

947

948

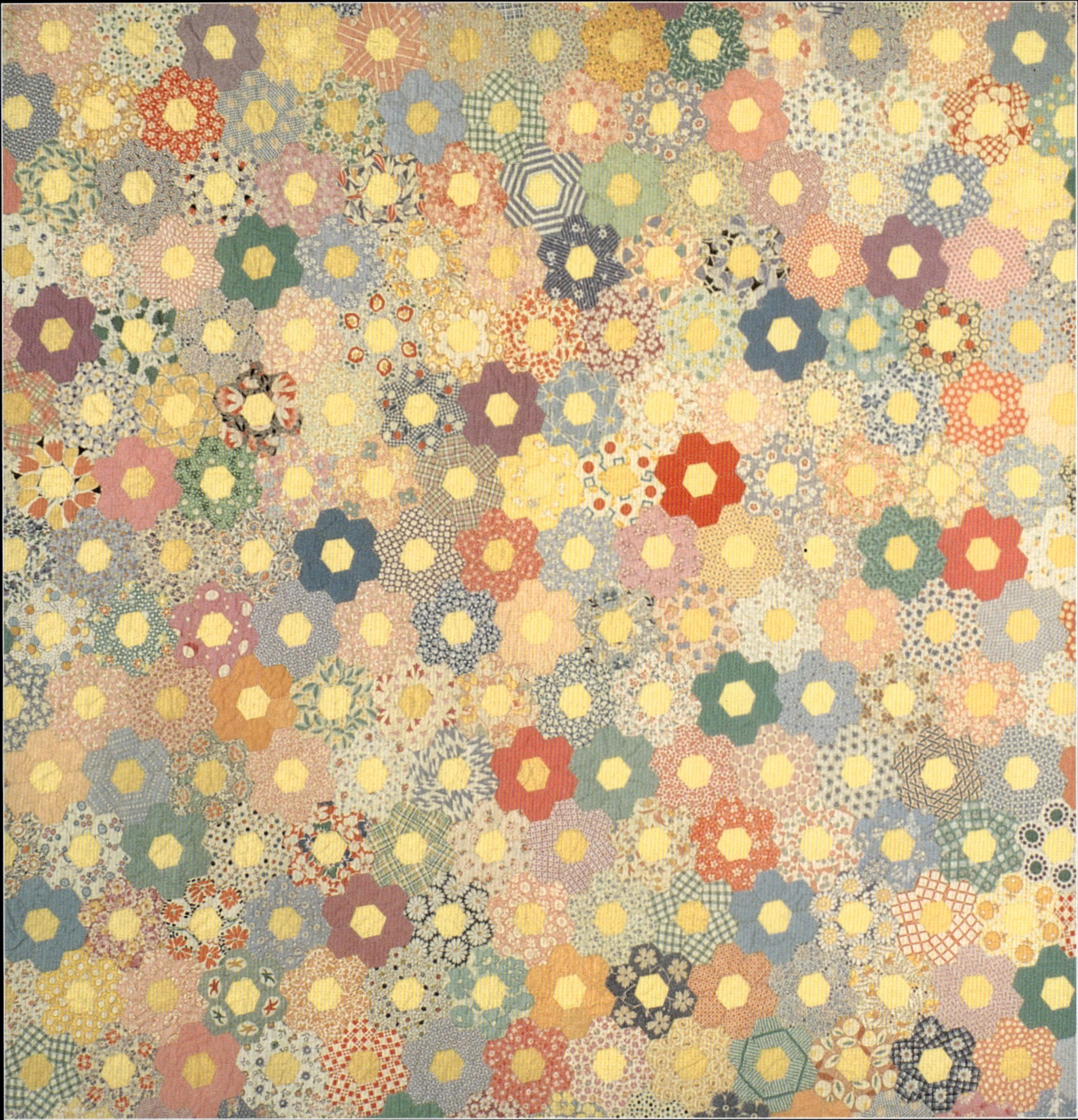

949 950 951 952

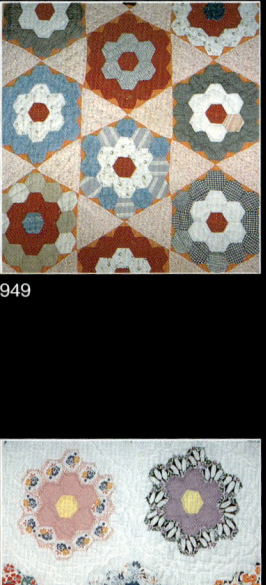

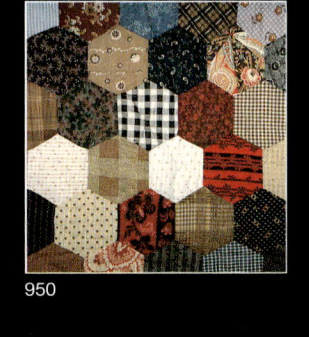

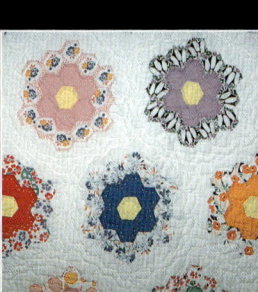

953 954 955 956

957 958 859 960

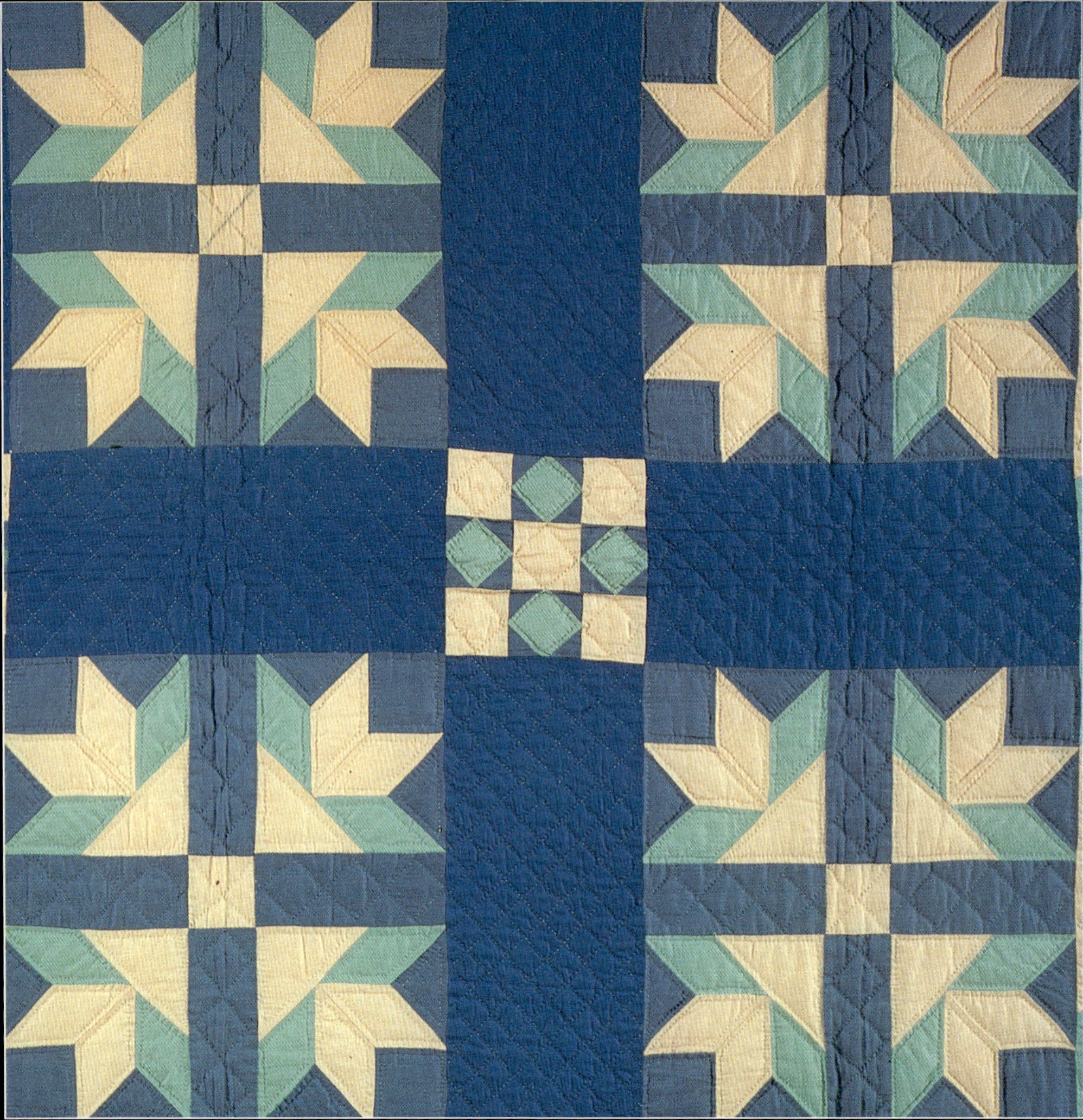

962

963

964

965

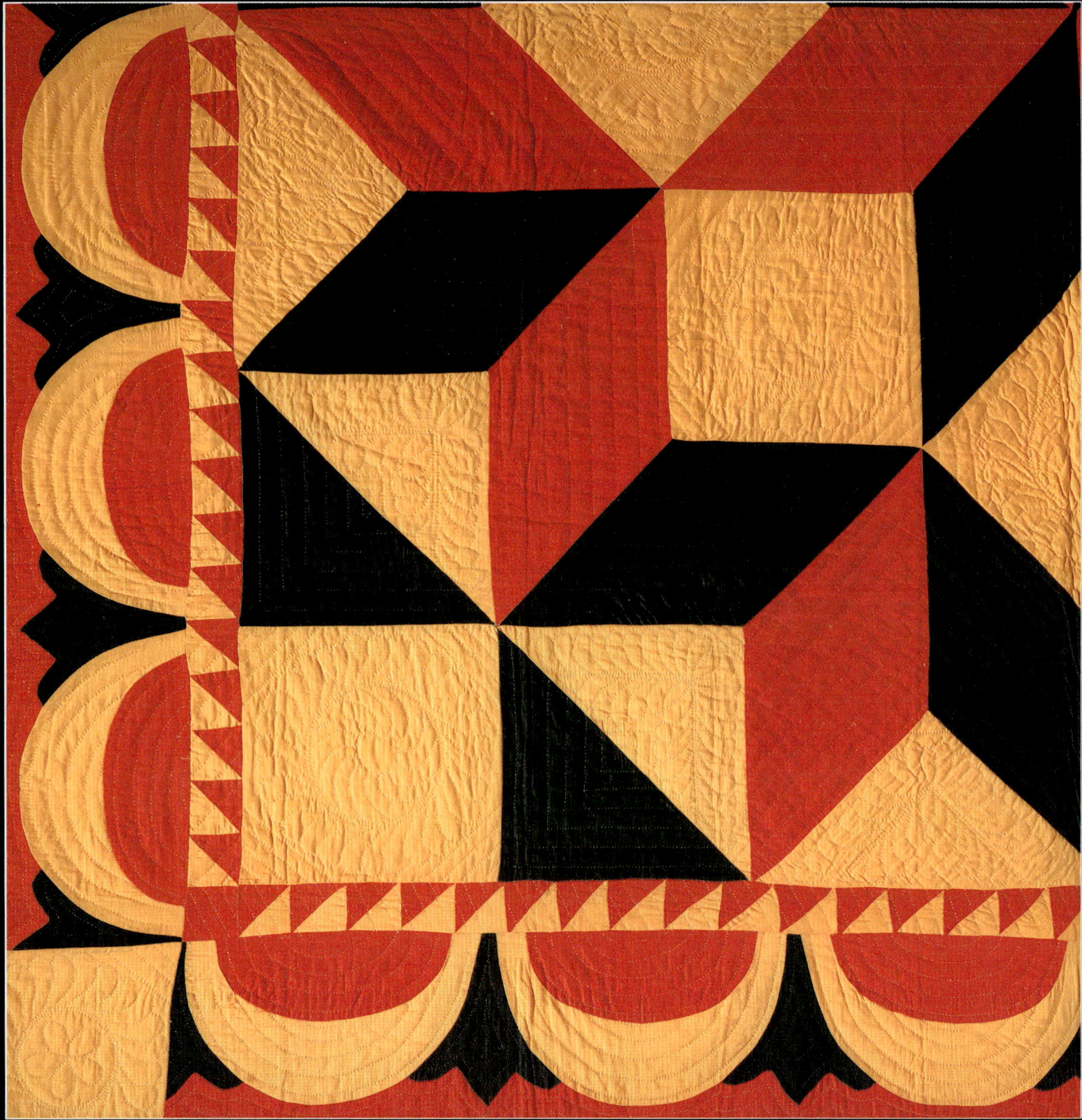

966

967

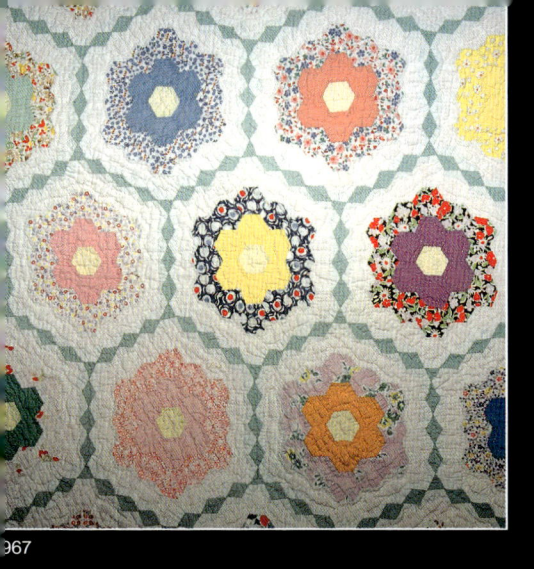

968

969

970

971

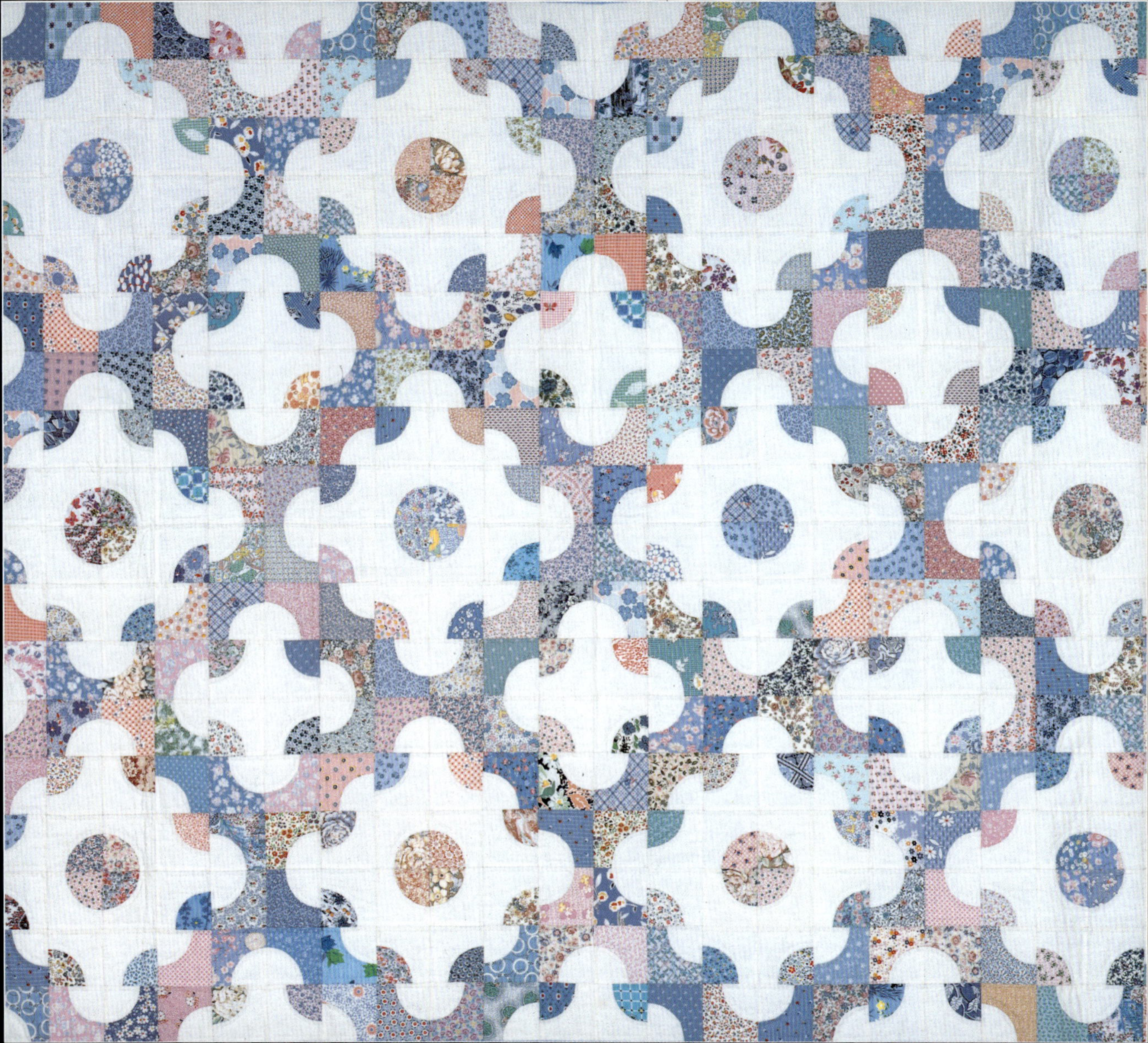

972

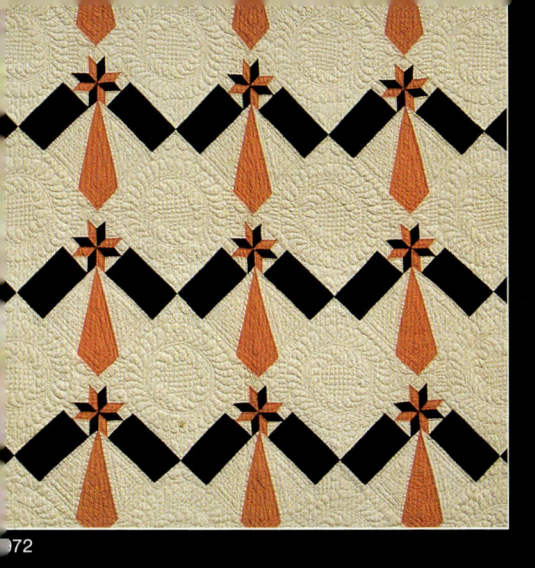

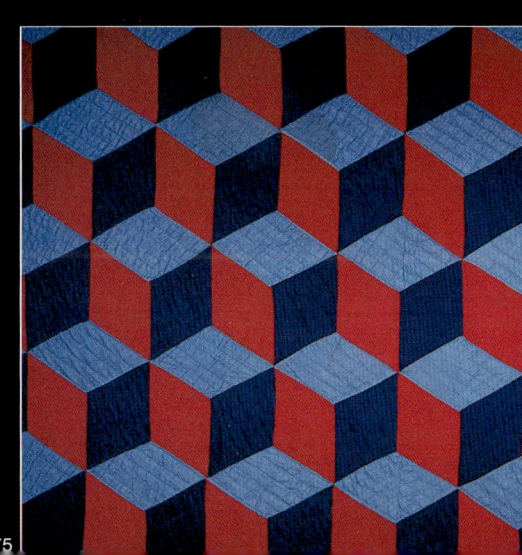

973

974

975

976

浅野誠
Makoto Asano (あさの・まこと) 千葉県精神医療センター 診療部長
Doctor in Chief Chiba Psychiatric Medical Center

大脳生理学者には、パッチワークキルトの模様の一つ一つが脳のコラムに見えるに違いない。

コラムとは、神経細胞が柱状に集まった一かたまりをいう。コンピューターのIC（集積回路）と似ていて、脳の機能の最小単位をなす。このコラムが、あたかも一枚のキルトの中にデザイン・ブロックが並んでいるように、大脳皮質に並んでいる。

キルトの模様は脳からとったものに違いない。だからこそ、人間の脳はキルトの模様に共鳴できるのである。そもそも、脳の中に無いものには、脳は理解も共鳴もできないのである。

人間が脳の模様を布に移し変えたのは、手でものを作りたいという衝動のおかげである。

かかる衝動が生じるのは、目下の大脳生理学では、脳が余っているせいであると考えられている。

生き残るためだけなら鼠の脳程度で良く、三億年も地にはびこっているゴキブリのことを考えれば、脳が大きい必要はない。

脳は、何事かをなさねば消滅する運命を背負っている。余分であろうとも、生じた以上は何事かをなそうとする。さしあたって、自己を外界に実現する。脳を調べると、道具の設計図となる構造をみつけることができるのはこのせいである。

道具は、脳の余剰から生じた。すなわち、文

To a neurophisician, each pattern in a patchwork quilt probably resembles the columns of the brain.

A column is a tube-like bundle of nerve cells. Like integrated circuits in a computer, it is the smallest unit of function in the brain.

Just as the blocks of a quilt are aligned together, so these columns are aligned on the surface of the brain.

The pattern of a quilt was almost certainly taken from the brain. It is exactly for this reason that the human brain resonates with the pattern of a quilt. It is impossible for the brain to understand or resonate with anytheing which is not of the brain.

Human beings transfered the pattern of the brain to cloth because we are driven by an impulse to create with our hands. The origin of this impulse is thought by neurophisicians such as myself to be a result of an overly large brain.

If only necessary for survival, a brain the size of a mouse would suffice, and, when one considers that the cockroach has scutled around the earth for over 300 million years, there seems to be no need for a large brain. The fate of the brain is that it must act or it will cease to exist.

Its excess capacity may be unnecessary, but since it exists, it must be used. Thus, the

化も脳の余剰から生じた。脳は自己を外界に実現するために手という装置を用いる。

　ただ、脳と手があっただけでは事が始まらない。脳の消滅への恐れ、それがすなわち手仕事への衝動を生むのである。

　骨の折れる仕事へ向かわせるもう一つの力がある。動的であることを本質とする生命は、基本的に、まったくの静的なものを嫌うのだ。

　機械の描く完全な直線や相似形は静的なものである。そしてそのようなものは脳の中に無い。

　手仕事が生じさせる形態のブレやゆらぎは静的な模様にゆらぎを与える。生を封じ込めるブレやゆらぎがあるのも脳の特徴である。

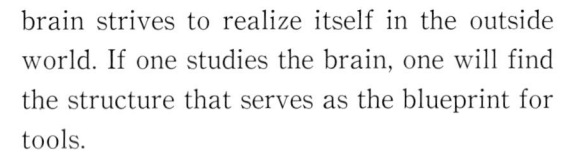

brain strives to realize itself in the outside world. If one studies the brain, one will find the structure that serves as the blueprint for tools.

Tools arise from the excess of the brain. That is to say, culture itself arose from the excess of the brain. The brain uses the hands to realize itself in the outside world.

However, the mere existence of the brain and hands is not sufficient impulse. It is the brain's fear that brings the hand to motion.

There is another force which drives the hand to bonebraiking labor. Life is by its very nature active, and, therefore, hates all passive things.

The perfectly straight lines and exact representations drawn by machines are static, and there is nothing static in the brain.

The slight distortions and unevenness of handiwork gives motion to a static pattern. The fluctuation to capture the motion of life is another characteristic of the brain.

NEEDLECRAFT
The Home Arts
Magazine

December 1934

Ten Cents

The Patchwork Quilt of 1850.

1934年12月　ニードル・クラフト／ザ・ホーム・アート・マガジン誌　表紙
December 1934. NEEDLECRAFT／The Home Art Magazine　cover

87ページの説明

　クリスマスのリースを飾った部屋の中で、男の子と「ログ・キャビン」のキルトを縫う若い母親を描いた手芸誌の表紙絵である。表紙の右下には1850年代のパッチワーク・キルトという説明書がある。表紙の左上に印字された宛名から、ケンタッキー州ルイビル在住のこの雑誌の購入者は、本誌を定期購読していたと思える。

　雑誌の本文頁には、ホームソーイングや手芸愛好者のためのサンプルとその作り方を掲載している。ほっそりしたラインのワンピースの製図も解説されている。パッチワーク・キルトの専門誌ではない。20年代の婦人雑誌は、モダンな生活を提案し、ソーイング誌も新しい流行を紹介することが主流であったのに、時代を逆流するような復古調の表紙絵である。

　1929年の大恐慌から一転し、この雑誌が発行された30年代。アメリカは恐慌の経済的打撃から復興途上の時代。婦人達は、古き良き時代の醇風美俗を再評価するという名目の元に、日常の実用品を手作りするよう心がけるようになった。

　当時、不況と化学繊維の台頭で打撃を被った木綿布の製造業者は、同じく不況で熾烈な販売競争を余儀なくされた他業種と提携することにした。つまり、小麦粉や種、飼料を入れて販売する布袋に、パッチワーク・キルトやちょっとした布手芸に使えるプリント木綿布を用いたのである。日常の買物をする度に、いろいろなプリント布も集めることができるという、一種の景品販売である。こうした布を集めて作ったキルトを、「フード・サック・キルト」、「シード・サック・キルト」と呼ばれ、沢山作られたのもこの頃である。

　不況の中で、大量生産されたものを、生活の必要量を超えて消費を促すために、「パッチワーク・キルト」の再流行が演出されたのである。もちろん、新聞、雑誌というマス・メディアも動員され、新しいパターンやデザインが次からつぎへと流布された。

　年代は違うがヘミング・ウェイが記者を勤めたこともある日刊紙「カンサス・シティ・スター」が、キルトのブロック・パターンを毎日のように掲載したのも、この表紙絵の雑誌と同じ30年代半ばである。

　表紙絵に描かれた「ログ・キャビン」キルトは、裁ち落とした布の耳を集めて作るスクラップ・キルトの代表的なパターンである。古くからある廃物利用の代表的な手法だが、最初は「ログ・キャビン」というパターン名ではなかった。実は、「丸太小屋からホワイト・ハウスへ」という大統領選挙の選挙キャンペーンにちなんで、後にこの名前で呼ばれることが一般的になったのである。その後、このパターンには、西部開拓のイメージもオーバー・ラップされた。曰く、「開拓地では、お父さんが丸太を組んで家を作り、お母さんは炉の火を守り、力を併せて暮らしていた。そこで、ログキャビンのパターンの中央の正方形は、炉の火を表す意味で赤い布を置くのが作法である」と。

　不況の30年代、元気を無くしがちなアメリカの人達を鼓舞するために、「サクセス・ストーリー」と「パイオニア・スピリッツ」、さらに建国の精神であった「自給自足と助け合い」といった「ログ・キャビン」が象徴するイメージをこの表紙絵に託したのではないだろうか。しかし、けっして、この「ログ・キャビン」のパターンが象徴する時代を懐古しているのではない。あの苦しい時代を経て作った繁栄を再構築するアメリカの力の確認と、未来への確信を託したパターンとして、クリスマスの季節を飾る表紙絵のモチーフに採用されたのだろう。

INDEX　　　　　　　　　　　　　　　　　　索　引

THE ARKANSAS STAR　アーカンサスの星
667

BABY BLOCK　積木
582　641　644　916　928　930　965　974　975

BABY BUNTING　小旗
668

BLAZING STAR　輝く星
674　911　918　922　939　944

BROKEN STAR　壊れ星
731　753

BULL'S EYE　牛の目
610　695　873

BOSTON PUZZLE　ボストン・パズル
601　745　839

CATHEDRAL WINDOW　大聖堂の窓
780　917

CIRCLES AND CROSSES　円と十字
945

CHAIN　鎖
798

CLAMSHELL　シェル（貝）
689

CLASSIC DOUBLE WEDDING RING
クラシック・ダブル・ウェディング・リング
781　783　901

COCKSCOMB　けいとう
750

CROWN OF THORNS　いばらの冠
615

CROW'S FOOT　からすの足跡
688

DAHRIA　ダリア
834

DEVIL'S CLAW　悪魔の爪
671

DIAMOND　ダイヤモンド
820

DOUBLE SQUARE　ダブル・スクエア
609

DOUBLE WEDDING RING　ダブル・ウェディング・リング
577　698　718　727　729　738　762　830　844　866　882　931　969

DRESDEN PLATE　ドレスデンの皿
238　573　581　585　809　842　925

DRUNKARD'S PATH　酔っぱらいの小道
193　627　662　794　801　904　971

DUTCH ROSE　オランダのバラ
976

EIGHT POINTED STAR　エイト・ポインテッド・スター
173　193　568　580　588　589　593　597　599　605　607　677　685　686
687　735　736　739　746　850　886　888　946　947　955

FAN　扇
564　565　596　654　659　666　673　737　754　790　797　860　923

FEATHERED STAR　フェザー・スター
604　628　717　791　808　837

FISH　魚
828

FLORIDA　フロリダ
885

FLOWER GARDEN　花園
774

FLOWER GARDEN WITH PATHS　小道のある花園
954

FLYWHEEL　はずみ車
602

FOUR DOVES IN THE WINDOW　窓辺の4羽の鳩
773

THE FOUR WINDS　四方に
612

FRIENDSHIP FRAME　フレンドシップ・フレーム　768

FRIENDSHIP KNOT　友達結び
626　789　825

FRIENDSHIP STAR　友達の星
649

GEORGETOWN CIRCLE　ジョージタウン・サークル
755

GLORIFIED NINE-PATCH　栄光のナイン・パッチ
705　924

GOOSE TRACK　がちょうの足跡
747　935　961

GRANDMOTHER'S CHOICE　おばあさんの好み
829

GRANDMOTHER'S FLOWER GARDEN　おばあさんの花園
569　584　598　648　651　654　690　697　726　742　760　792　857　953
958　959　967

HARVEST SUN　仲秋の太陽
680

HEARTS AND GIZZARDS　ハートと砂嚢
664　889

HEAVENLY STARS　天国の星
621

HEXAGON STAR　六角星
639　734　741　818　891　906

HEXAGON GARDEN　六角形の庭
948

HEXAGON SNOWFLAKE　六角形の雪片
921

HEXAGON　六角形
703　721　950

HICKORY LEAF　ヒッコリーの葉
619　672

HONEYCOMB　蜜蜂の巣
960

INDIANA PUZZLE　インディアナ・パズル
583

JAPANESE FAN　日本の扇
617

JACKSON STAR　ジャクソン・スター
751

KALEIDOSCOPE　万華鏡
600　700　707　920

LATTICE FAN QUILT　格子模様の扇
681

LIBERTY STAR　自由の星
679

LIGHT AND SHADOW　明暗
767

LINKS OF FRIENDSHIP　友達の環
938

LONE STAR　ローン・スター
587　642　694　815　816　817　823　840　899　919　934

MARINER'S COMPASS　マリナーズ・コンパス
594　618　620　676　710　732　733　772　802　812　826　831　832　878
887　895　896　927

MILL WHEEL　水車の車輪
631　631　833

NEW YORK BEAUTY　ニューヨーク美人
903

OCEAN WAVE　波
578

OCTAGONS　八角形
683　782　852　872　883　898

THE PICKLE DISH　ピックル・ディッシュ
571　711　775　962

PINEAPPLE CACTUS　パイナップル・カクタス
570　719

PILOT'S WHEEL　パイロットの車輪
643　647

PULLMAN'S PUZZLE　プルマンのパズル
635

PURPLE CROSS　紫の十字架　795

RISING STAR　星の出
613　853

ROBBING PETER TO PAY PAUL　ピーターからポールへ
702　902　913　914　915　942

ROLLING STAR　転がる星
868

ROYAL CROSS　王の十字架
669　720　811

SEVEN STARS　七つ星
881

SINGLE SUNFLOWER　1本のひまわり
624　630

SNOWBALL　雪玉
634　696　835

SOLOMON'S GARDEN　ソロモンの庭
712

SPIDERWEB　くもの巣
715　943

SPOOLS　糸巻
821

SQUARE AND SWALLOW　四角と燕
603

STAINED GLASS　ステンドグラス
579

STAR AND BLOCKS　星と積木
875

STAR AND PLANETS　星と惑星
937

STAR OF BETHLEHEM　ベツレヘムの星
650　656　678　684　706　723　728　757　758　793　964

STRING STAR　ストリング・スター
576　618　625　704　862　923

SUNBEAM　太陽光線
591　845　847

SUNBURST　強烈な日光
608　682　713　813

SUNFLOWER STAR　サンフラワー・スター
701　770

TEA LEAF　お茶の葉
614

TURKEY'S TRUCK　七面鳥の足跡
586　595　771

UNION SQUARE　ユニオンスクエア
665

UNION STAR　ユニオン・スター
970

V BLOCK　Vブロック
657

VIRGINIA LILI　ヴァージニアの百合
749

VIRGINIA STAR　ヴァージニア・スター
567

WHEEL OF FORTUNE　幸福の輪
652　709　722

WINDING WAYS　曲がりくねった道
776

WORLD WITHOUT END　終わりなき世界
779

YO-YO　ヨーヨー
724　800　854　871

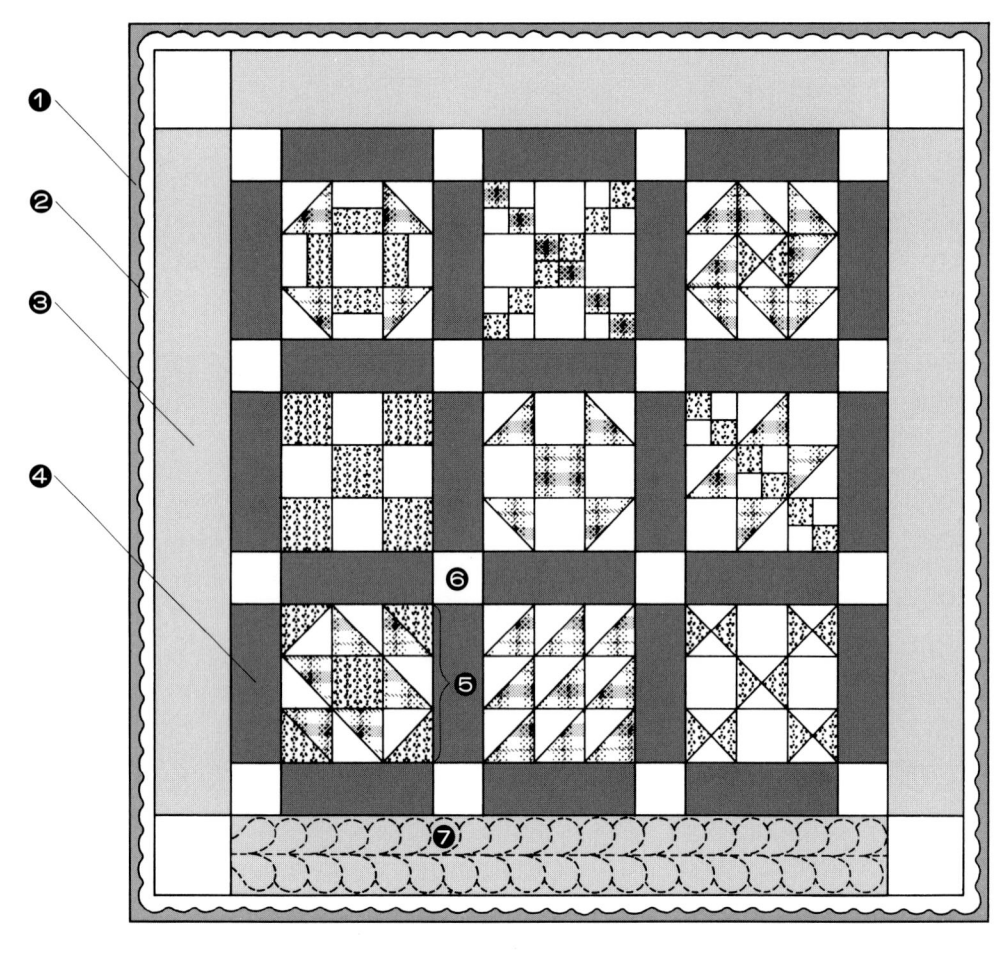

① 裏布 Backing　② キルト綿 Batting　③ ボーダー Border　④ サッシュ Sashing
⑤ ブロック Block　⑥ ポスト Post　⑦ キルティング デザイン　Quilting Desing

参考文献
Selected Bibliography

Yvonne M. Khin. The collector's Dictionary ob QUILT NAMES & PATTERNS.
ACROPOLIS BOOKS LTD. Washington D.C. 1980

Judy Rehmel. THE QUILT I.D. BOOK. Prentice Hall Press. N.Y. 1986

本書に協力頂いた次の方々に御礼を申し上げます。
Very special thanks go to the following people :

アメリカン・フラー	AMERICA HURRAH
アーディス＆ロバート・ジェームス夫妻	ARDIS & ROBERT JAMES
ベティ・ウルフ	BETTY WOLFE
キャリル・ブライヤー・ファラート	CARYL BRYER FALLERT
グゼニア・コード	XENIA CORD
ジーン・レイ・ローリー	JEAN RAY LAURY
ローラ・フィッシャー	LAURA FISHER
マサヨ・ヘンダーソン	MASAYO HENDERSON
ロデリコ E. キラコフ	RODERICK E. KIRACOFE
シェリー・ジガート	SHELLY ZEGART
イボンヌ・ポーセラ	YVVONE PORCELLA
鳥屋厳美	ITSUMI TORIYA
郷家啓子	KEIKO GOUKE
中原啓子	KEIKO NAKAHARA
後藤紀代子	KIYOKO GOTO
馬場雅子	MASAKO BABA
永井正子	MASAKO NAGAI
田宮雅子	MASAKO SHIMANO
窪田美土里	MIDORI KUBOTA
三沢幹子	MIKIKO MISAWA
服部利恵子	RIEKO HATTORI
長谷川幸子	SACHIKO HASEGAWA
島野徳子	TOKUKO SHIMANO
渡辺とみの	TOMINO WATANABE
熊部斗南	TONAMI KUMABE
佐藤ウメ	UME SATOU
英　訳：トーマス・フェルナー	TOMASU FHELNER
撮影協力：遠藤長光	NAGAMITSU ENDO
レイアウト：鈴木　真	MAKOTO SUZUKI

キルト・ブロックス②	
発行	1994年4月10日
監修・編集	吉武泰子
発行者	藤岡 護
発行所	株式会社 京都書院
	〒604 京都市中京区堀川通三条上ル
	TEL. 075-344-0053 FAX. 075-344-0099
企画	水野忠始
制作	漂蒼庵（京都書院）
印刷製本	日本写真印刷株式会社

QUILT BLOKS Vol.2	
Date of Publicalion	April 10, 1994
Editor	Yasuko Yoshitake
Publisher	Kyoto Shoin Co., Ltd.
	Sanjyo-agaru, Horikawa, Nakagyo-ku, Kyoto, Japan.
	Tel. 075-344-0053 Fax. 075-344-0099
Planner	Tadashi Mizuno
Printed and bound	Nissha Printing Co., Ltd.

Copyright © 1994 Yasuko Yoshitake Printed in Japan
ISBN4-7636-3220-5
All rights reserved, No part of this publication may be reproduced or transmitted in any form or by any means, electric or mechanical, including photographying recording or any information storage and retieval system now known or to be invented without permission in writing from the publisher.